我是金智恩

김지은입니다

揭發安熙正，權勢性侵受害者的劫後重生

金智恩——著
簡郁璇——譯

導讀
#從金智恩到N號房，南韓 MeToo 改革社會的現在進行式

楊虔豪（駐韓獨立記者）

二〇一七下半年，數十名女性演藝工作者接連揭發，曾遭美國影視大亨哈維・溫斯坦性騷擾與性侵，隨後，女星艾莉莎・米蘭諾開始鼓勵類似經驗者，在網路社群媒體上勇敢出面指控，並加上「我也是（#MeToo）」的主題標籤，掀起風潮，不僅演藝界，社會各行各業都有女性披露自己曾遭遇的不當經驗。

徐志賢檢察官掀起韓國 MeToo 巨浪

MeToo浪潮很快在二〇一八年初吹到南韓。檢察官徐志賢在JTBC晚間新聞《新聞室》直播中，披露自己在喪禮場合，遭官拜法務部的檢察官前輩安泰根撫摸臀部，公開反映問題後，卻接連遭無端調職，「人事報復」意味濃厚；她還透露，不只自己，性騷擾與性侵害，在檢調內已多次發生。事發不到兩個月，被視為文在寅總統未來有力接班人的忠清南道知事安熙正，遭祕書金智恩同

樣於《新聞室》直播中，公開披露自己遭其多次性騷擾與性侵。JTBC事前取得安知事的回應是「兩情相悅」，但直播結束後，安改口稱兩情相悅「並非事實」，向金祕書道歉並辭去職務。

在南韓，性犯罪分為三個等級——性戲弄、性醜行與性暴行，華文中，我們通常將性戲弄與性醜行統稱為「性騷擾」，韓文則更為精細區分。「性戲弄」通常指言語上存在性方面的指涉，或出現刻意卻輕微的肢體接觸，使當事人有負面感受；「性醜行」則是以威逼或動用暴力，強迫當事人發生更大範圍的肢體接觸。「性暴行」等同華文的「性侵害」，即大眾熟知的強暴、強姦，透過威逼或施予暴力，迫使當事人發生性關係或肉體凌辱。

數位時代的新型性犯罪

隨網路社群與通訊程式發達，現在又有更新型犯罪，稱為「性剝削」（韓文稱作「性榨取」）——將性合成照、性侵影片或脅迫受害人自行拍攝具性意涵的影像，於網上散布甚至販售獲利。

就在二〇一九年中，兩名江原道的大學生長期追查網路的性剝削影像問題。她們發現，在加密通訊應用程式Telegram上，有人開設了編號一至八號的群組；有別一般成人片或情色照片，這些群組更有性侵兒童或青少年的影片，成員甚至親自製作並上傳分享性剝削影像，即轟動一時的「N號房」。

除「N號房」，還有由綽號「博士」（本名趙周彬，二十五歲）建立的「博士房」系列群組。「博士」本人在網上以招募打工之名義，誘騙想賺錢的女性，聲稱可快速支付酬勞，要求其拍攝自己臉部，並提供身分證與手機號碼，再將應徵者轉給「配對男」，偽裝成只要與配對男純交友聊天，就能賺錢的生意。

配對男與應徵女性接洽後，就開始要求對方拍攝傳送其指示的動作照片，起初僅擺表情姿勢，然後是拍攝胸部，最後到連臉部一起全裸入鏡。應徵女性若有不從，對方就發怒吆喝。在暴力威逼與金錢誘惑下，當事人又被迫自行拍攝更多獵奇照，如擺出哀求表情、在身上留下文字或傷口，或裸體倒立等。

性剝削影像建立起供需產業鏈

應徵女性拍攝這些照片後，大多情緒崩潰，立刻退出對話或刪除程式；她們最終不僅沒拿到錢，原以為Telegram有加密功能，只要退出，一切就會消失，但這些照片早已轉傳至博士房系列群組中。若要加入博士房一覽這些照片，須支付比特幣，趙周彬透過博士房，讓性剝削影像成為有供需的產業鏈。

問題並未結束。由於應徵女性連身分證、手機號碼也一同外洩，群組內的「消費者」得以藉此掌握當事人的社群帳號、職場與住所，對她們展開言語霸凌與要脅，包括揚言跟蹤、強暴，或威脅將照片寄至家人或職場。這些女性活在恐懼中，但因先前退出對話，早無對證可報警調查。

兩位大學生與主流媒體合作，接連揭發並讓受害人現身說法，使N號房與博士房在新冠疫情期間，成為震驚海內外的新聞。經營博士房的趙周彬，一審遭判刑四十年，檢方也在二審求處無期徒刑；其他共犯亦相繼落網。有一位曾跟我一起吃炸雞、喝啤酒的MBC同業，後來被查出付錢加入博士房，而遭電視臺解僱。

受害者不只對抗惡行，更要面對整個社會

徐志賢與金智恩揭發自己遭性騷擾與性侵後，皆向加害人提告，展開漫長訴訟。遭指控性騷擾徐志賢的安泰根回應：「這是很久以前的事，我喝了酒記不得了。若當時真有（性騷擾）這事，我真心致歉。但若說她因此而影響到檢察官的人事異動或事務監察，則全非事實。」

二〇一九年，法院認定安泰根對性騷擾知情，並展開報復，存在職權濫用。但性騷擾爭議發生在二〇一〇年，已超過法定性騷擾的公訴時效七年，無法究責。隔年，南韓大法院宣布將此案發回更審，三審以徐志賢的調動皆屬正常人事裁量權為由，判決安泰根無罪。

徐志賢提出了國賠，法院卻以「時效消滅、證據不足」為由，判徐敗訴。安泰根則無罪釋放，甚至一度回到法務部工作；最近離職後，獲得批准設立法律事務所，擔任律師執業。而徐志賢作為打響MeToo第一槍的關鍵人物，仍無懼批判，持續抗告，要為自己討回公道。

安熙正性侵案也峰迴路轉。金智恩提出與安熙正的手機對話及工作紀錄作為證據，也有多位同事出面作證，指出金智恩遭安熙正性侵後有反映問題，希望尋求幫助，法院一審卻以「證據不足」、「難以視為威逼」為由，判安熙正無罪，法官甚至認為金智恩的行為表現「不像受害者」。

權勢性侵反映出的兩性不平等

安熙正律師團認為，金智恩擁有高學歷，具足夠判斷力，金智恩與安發生性關係後，既無反抗，也未立刻公開問題，斷定金為安熙正追隨者，對其產生愛慕，主張此非MeToo而是典型的「不倫」；安熙正妻子閔珠瑗更以證人身分稱，與安熙正入眠時，曾見金智恩「入房偷看又溜走」，主張金愛慕安。

律師團意圖將風向帶往外遇，法官也質問金智恩：「對您而言，比貞操更重要的東西是什麼？」、「被告（安熙正）叫您做的事，您都要照做嗎？」卻完全忽略「權力型性侵」的重點——加害人能以職位高於受害者之便，即便無公然威逼，若有任何不從，也能使受害者丟失工作或遭群體排擠，藉此一逞獸性之快。

如此情況下，受害者根本難以立刻拒絕。尤其是當這種事前幾次出現，受害者明知這不該發生，當下也容易陷入迷惘，懷疑自己是否看錯或誤會，等回頭意識到自己確實被強暴，肇事者是自己上司，他與背後的權力集團，可能會在她試圖投訴的情況下施予報復，只得選擇忍氣吞聲。

此番問題，在男尊女卑、家父長制且階級序列觀念強烈的韓民族社會，更為嚴重。人們自幼就被教導，長輩或高層主管的指令須絕對遵從，不得有意見；女性又常被視為「附屬品」、「無法獨挑大樑」，使得許多男性將女性看作可隨時玩弄的器物，導致從家庭、學校到職場，性犯罪層出不窮。

我們應停止檢討受害者

一審法官未從權力型性侵探究問題，反而揪住金智恩事後壓抑創傷、強顏歡笑地在手機上與安熙正對話，主張她「並無受害人的樣子」，而認定安無罪。判決出爐，許多人意識到問題嚴重，開始反問：「為何不檢討安熙正從否認到承認，到再次推翻性侵主張，卻顧著指控金智恩有無『受害者該有的樣子』？」

這也牽動二審起，公民團體與女權運動者更積極緊密串連，向公眾解說問題所在，並反駁判決缺陷，因為往後若延續此論調，不僅貽笑國際，更意味著權力型性侵將持續獲包庇，只要「受害者不像受害者」、「受害者沒立刻舉發」都無法成案，等同宣告MeToo運動的終結。

此番努力與施壓，得到正面效果。二、三審法官全面推翻安熙正主張，強調金智恩說法與工作日誌行程紀錄具連貫性，加上安也曾傳訊向金道歉，認定性侵屬實，判決安三年半定讞並收押。法官更表示：「不能因受害者誠實履行職務，就說那不是遭受姦淫的受害者樣貌，受害者會依其性格與具體狀況，而不得不出現相異的應對。」法官批判「受害者沒受害者樣子」的主張，只是以『典型受害者』的偏狹觀點為立論基礎，不僅推翻一審的認知，更重重打了安熙正辯護律師團一巴掌。徐志賢、金智恩均站在MeToo浪頭，暴露自身遭遇，更長期飽受惡意留言攻擊等二度傷害。徐志賢仍勇敢出面為女性與政治議題表態；金智恩則長期陷入社交恐懼，健康、情緒皆受重創，所幸安熙正罪刑定讞，還她公道，在公民團體與女性運動家支持下，試圖走出陰霾，力圖重建與回歸正常生活。

以不同角度呈現女性長期弱勢處境

從《我是金智恩》到《您已登入N號房》兩本書，能看到南韓女性在社會長期處於不利地位，難以伸張自己碰到的問題。高學歷且具豐富社會歷練的徐志賢與金智恩尚且承受極大壓力，更別提N號房受害者，至今仍擔憂自己的照片還在網路流傳，成為終生烙印，有多少人敢站出來，成為MeToo的下個揭發者？

兩本書，前者是事件受害者本身，後者則是觀察、採訪與揭發的旁觀者，從不同立場呈現社會缺陷，她們共同反映出下從警政、上至司法體系，從存在已久的典型與權力型的性騷擾、性侵問題，到新型態性剝削犯罪，皆未準備好如何應對，甚至本身仍存在相當程度「先檢討受害者」的思維。

如同女性在外穿短裙遭男性非禮，仍有許多人（包括部分女性）會批評「是她穿太少」，相同思維亦存在於MeToo與N號房事件，但這正是合理化「只要穿太少，就可被非禮」並正當化加害者的邏輯扭曲。實際上，你我不穿太少都可能成為受害者，檢視加害者行為模式，才能真正得出有效的防治策略。

《我是金智恩》和《您已登入N號房》只是南韓MeToo與女權運動的前半，此後又發生釜山市長吳巨敦與首爾市長朴元淳遭揭發性騷擾旗下祕書，前者辭職、後者輕生，導致兩大城重新補選。性犯罪連環爆，原本鼓吹公平正義的進步派共同民主黨卻刻意迴避問題，讓許多年輕人大感失望，最後亦告慘敗。

MeToo在南韓尚未落幕，且仍處於陣痛期。金智恩的遭遇，於首爾市長性騷擾案遭揭發後，在被害祕書身上重演；N號房與博士房事件，仍有數以百計的受害者尚未站出來。防範與應對被害的機制為何？南韓還未理出頭緒，同時有大批反動者阻擋。閱讀兩本書的您，不妨思考，若是自己，會如何面對。

推薦序

#能動者的動彈不得——這時代必須聆聽的聲音

王曉丹（政大法律系特聘教授）

本書作者金智恩女士，曾擔任南韓政治明星、下屆總統熱門候選人安熙正的隨行秘書，在任職八個月期間，遭到安熙正九次性暴力的侵犯，案經南韓最高法院判處有期徒刑三年六個月確定，罪行包括利用權勢性侵及性騷擾。

權勢性暴力受害者通常都會選擇沉默，她卻在全球 MeToo 運動的鼓舞下，接受南韓 JTBC《新聞室》節目訪談，控訴自己遭受性暴力的遭遇，轟動南韓社會。權勢性暴力的案件，往往會以不起訴或無罪作結，但金智恩在一審判決無罪後，仍持續發聲，終於成功說服上級法院在二審判決安熙正有罪，這樣的結果也間接鼓舞了其他性暴力受害者站出來。難能可貴的是，性暴力受害者大多會深陷精神困擾，無法以清晰的思路訴說，她卻以第一人稱寫出權勢下的處境，出版成書。金智恩突破重圍，從被性侵、被汙名、被八卦化、被隔絕的父權環境中，勇敢地活了下來。

具體描繪外界未能感知的殘酷真實

金智恩表達、控訴性暴力的方式值得讚賞。一般而言，或許是為了贏得大眾的同情與憤慨，在陳述性暴力事件時會強調加害人的可惡，一一列舉其野獸般的行為與卑劣的控制手段，但這也可能激起持反對立場者，以加害者的溫文儒雅與仁民愛物之例作為「反證」，最後演變成各說各話的困局。這樣的方式無異於落入了父權的圈套，演戲誰都可能會演，慣性犯罪者往往都是戲精，聚焦於外在的表演，反而有利於加害者。

然而，本書的鋪陳卻與此截然不同，作者放棄描繪加害者客觀的侵犯行為，反而鉅細靡遺地勾勒出金智恩女士的勞動內容與工作環境，讀者可從她高強度的日常，體認到她與安熙正間的主從關係。除此之外，書中具體重現社會各界對她的攻擊，血淋淋交代了政治圈、媒體圈與大眾的種種質疑，讓外界理解她艱險的處境。加上各種政治場域的男性連結、身為女性的性客體孤立處境，形塑出一個外界從未能感知到的真實世界，既嶄新又深刻。

能動者的努力，成為掌權者的影子

我不會將這樣的狀況看成特例。許多人就像金智恩女士一樣，生命中總會遇到類似尋偶不順、父親倒下等不幸，當有機會從約聘職轉入充滿政治前景的團隊，被特別拔擢到充滿權力與魅力的老闆旁工作，勢必會竭盡所能符合其要求，以便於實現自我，這叫作「能動性」（agency）。

例如，半夜被指示到老闆住處處理事情，即使再不合理的要求，能動者都可能說服自己要把握機會。隨行祕書的能動內容與方式，幾乎就是安熙正知事耳提面命的指示：「不要添加妳的意見、不要說妳的想法、妳是映照我的鏡子，要清澈透明地映出我的樣子、要像影子一樣。」於是，認真工作的員工把自己當成未經雕琢的木頭，刻劃成老闆的樣子，說出老闆的想法，這是能動者的努力，最後卻變成掌權者的影子，動彈不得。身為受害者，作者準確地捕捉到，自身對於遭受這樣一個被全世界肯定的老闆性侵時，如何難以自處，投射出必須順從而喪失靈魂的幽微心理。

我們是否還要質問，身為影子的受害者，到底同意還是不同意？縱然是有力的能動者，在權力之下，都可能越發動彈不得，無法回答主觀意願這種再微妙不過的問題。

寫出共通處境，突圍後絕處逢生

本書就像一個當代寓言，訴說著所有人的故事，勞動者是如何在面對工作時失去人格。藉由這個家喻戶曉的事件，展現出金智恩對人性弱點的洞察入微，毫不留情。安熙正在臉書上承認性侵前，媒體對其的評價是「關注人權、人品正直」，而他一邊對外聲稱支持MeToo運動，同時又擔心受害者金智恩「出賣」他，說服她保持沉默的方式，竟是再次性侵，藉以展現權力。

掌權者非但讓受害者在性侵當下失去人格，也對旁觀者產生關鍵性影響，也就是圍繞在權力周圍的人，其實都有類似處境，同樣是在努力工作的同時，被剝奪了自由的判斷與行動。從旁觀者的反應，我們醒悟，問著，在這個共通的環境，能動者越啟動自身就越動彈不得，多數人到底是怎麼活下來的？在權力面前，不同經歷的人會發展出不同的因應方式，「隱身」其實是求生的優良傳統：有人蒙著眼，找尋安全的角落；有人氣不過，看清醜陋而離開；有人屏住氣，開鑿空隙以呼吸；有人心一橫，鑽營謀略求利益。不同的是，權勢性侵的受害者只是其中一個極端案例，他們的空間遠比一般人更小，無法安身、無處可逃、無能為力。MeToo的「現身」，竟是除了死亡之外，唯一的選項。

《我是金智恩》就是這樣的一個故事，能動者動彈不得，卻也可能絕處逢生的突圍。本書寫出了直面動彈不得的勇敢，只是多數人習於同溫層取暖，排拒此種令人不悅的創舉。疏不知，在這過度包裝的世界中，怪異、卑屈、雜亂、突變，才是這個時代應該聆聽的聲音。

勇敢好評

本書讓我們看見「衡量位階與權力」所指為何。性暴力的發生，原因並不在受害者。

——李秀靜（韓國犯罪心理學系教授）

在韓國，性暴力應被稱為日常的暴力。身為女性，經常遭受歧視和暴力，性暴力是普遍的經驗。

本書作者金智恩擔任安熙正隨行祕書期間遭到多次性侵害，安熙正當時一度被視為南韓總統文在寅的接班人。使得金智恩沒有退路，在新聞直播中揭發安熙正的性暴力，此後不斷遭受安熙正支持者的騷擾及報復。

韓國政治組織的真實面貌就是「背叛組織者死」，以「大義」之名團結，打壓任何一個指出組織內錯誤的人，包括性暴力的受害者。

我們需要的不只是#MeToo，還有#WithYou，面對受害者被權勢者性侵的情況，更是如此。

——陳潔晧（作家）

我感謝金智恩，感謝這本書，感謝她選擇用自己的姓名示眾人；這使得那位加害者失去了姓名，無論他曾經有何權何勢，我將只會記得他為傷害金智恩的人。

——許菁芳（作家）

性的霸凌是父權社會體系中，女性被宰制的萬惡議題。而性騷擾的本質，其實也涵蓋最難被大眾理解的「權力性侵」問題，它會出現在任何地方及各種相對位置，不論是家庭、職場或師生關係等。

在「婦德倫理」和「受害者模樣」的單一想像之下，受制於上位者權力的受害者，往往只能選擇沉默，或接受社會指責等二次傷害的煎熬。面對沉默隱忍、堅強控訴到二次傷害的過程，金智恩的Me too之路，將為我們解鎖過分狹隘的性傷害課題。

——羅珮嘉（女性影展策展人）

為保護性侵犯使出的手段，無非是羞辱受害者。要阻止慣犯再犯，也總在被羞辱誣衊的烈火中前行。金智恩站了出來，帶領讀者全程實歷這場艱苦的鬥爭。所受的傷害令人戰慄，倖存的勇氣更激勵人心。

近年臺灣進步陣營傳出性暴力，我們卻未如讀伊藤詩織《黑箱》、《我是金智恩》那樣，傾聽本地受害者作傳發聲。離打破黑箱或許還有漫漫長路，書中的勞動剝削、性剝削、分析權力的操縱手段，已值得讀者沙盤推演組建戰備。組織內部往往要受害女性顧全大局噤聲，其實性侵就是重返極權，你我為自由逃，不過終須一戰。

——盧郁佳（作家）

我要向給予支持的人致上溫暖的感謝，
並與至今仍以各自的方式克服人生的無數性暴力受害者，
分享我的安慰與扶持。
這條路，我將與你們同行。

臺灣版序
#寫給臺灣讀者的信

臺灣一直是我很想去的國家。想沿著高雄愛河騎腳踏車，爬上陽明山享受清爽的微風，吃芒果冰。對身為勞動者的我來說，臺灣一直是我十分嚮往的度假勝地。但身為一個平凡的勞動者，我從來都只能感受到生活的壓力，一點喘息的餘裕都沒有，去臺灣旅行的夢想，只能是想像中的小確幸。

過去三年，我經歷了許多事，以至於這小小的夢想不斷推遲。現在，我就連要維持日常生活、離開家門，都相當艱難。

二〇一八年三月，在我揭發了韓國下屆總統熱門候選人、地方首長安熙正的性暴力罪行後，失去了工作。他曾角逐二〇一七年的韓國總統大選，也擁有眾多支持者，要揭發這等人物的MeToo罪行，不只是揪出一個加害者這麼簡單，而是要與其身後無數的掌權者對抗。MeToo後，各種假新聞、抹黑、指責與二度傷害淹沒了我，即使呼籲他們停止，他們卻變本加厲，我的人身安全嚴重受到威脅，不敢外出，只能躲在受害者保護機構內。

有一次，我好不容易走出黑暗，與一直守護我的朋友去了港式點心餐廳。我們刻意避開尖峰時間，坐在最角落。即便在吃點心時，我也擔心會有人看我，忐忑不安。我夾起一個點心，默默將在臺灣街頭散步的願望，都裝載在小小的點心裡，充滿感激地享用，感受到短暫的幸福。

經過孤獨、艱難的五百五十四天，大法院對加害者做出有罪判決，但我中斷的日常也再難回復。平凡的生活如此珍貴，因此這本書，正是這段艱苦對抗的記錄。

本書在韓國出版後，掀起一股熱潮，許多人為本書發起許多前所未有的支持行動。他們買書送給朋友，舉辦讀書會，捐給政府機關；預先在書店付清書款，將此書作為禮物，送給來店裡的客人；在社群網站設定主題標籤和撰寫書評等。這一切都是為了發聲——我們不會再繼續隱忍發生在女性身上的性暴力——我們，都是金智恩！

這樣的連鎖效應不只在打官司過程中出現過，也不僅在韓國，包括臺灣在內的亞洲各國都曾發表聲明支持。素昧平生的各國人士凝聚力量，默默站在我身邊。身為一個勞動者，我的感激與感動巨大得難以言明。

現在的我，不再夢想平凡的生活了。因為我明白了，獨自享受的平靜和自由，並不具有太大的意義。只有記住曾經握住的手，並抓住他人伸出的手，才能更懂得如何守護安穩的生活。

我要把一直藏在心底的感恩之情藉此傳達給各位。也感謝臺灣的時報出版社，即便這是發生在其他國家的事，仍認為此事關乎基本人權問題而決定出版，深表感謝。

我的對抗仍在持續，等到有一天，這場抗爭結束後，我想去一直只在書上看到的臺灣看一看。

祝願臺灣讀者們幸福快樂。

二〇二一年三月
韓國的金智恩

#目錄#

三

受害者，金智恩 139

六 With You——團結群心 285

附錄 299

前言
#再次向世界吶喊

為了揭發真相，我提起了筆，這是我第二次向世界喊話。

第一次說出來是在二〇一八年三月五日，我在JTBC《新聞室[1]》揭發受害事實。我想活下來，也想防止其他受害者出現，為了擺脫地獄，我只能竭盡全力向這個世界吶喊，只盼審判能揭開真相。那是長達五百五十四天的痛苦日子，我為了生存而選擇痛苦，這個世界卻要我死。某些安熙正的親信為了掩蓋真相，提出不實指控，安熙正的狂熱崇拜者有組織地散播假消息。總統大選時，為了打敗對手在媒體戰的動員、眼花撩亂的帶風向手法，似乎全都用上了，我逐漸感到窒息。

二度傷害如此冰冷殘酷，與他人的對話被傳成是與安熙正的對話；斷章取義、毫無脈絡的訊

1 뉴스룸（Newsroom），為韓國JTBC電視臺代表性的新聞節目。

息截圖被放入不實主張中；我的醫療紀錄和診斷書也被上傳到網路。煽動性的話語與假消息鋪天蓋地，昔日同事做的偽證讓我備受侮辱，就連陌生人幾句微不足道的話，也會讓我的心臟四分五裂。直到大法院判決定讞前，我每天活在痛苦中，時間走得如此緩慢，令我身心俱疲。

儘管如此，我依然堅信真相與真心能戰勝謊言與權力。我將心思集中在審判上，尋找能支持我的陳述，提出證據，經歷多次檢方調查與庭審。身心俱疲的我也反覆地入院與出院。最後被告終於在二審與三審被判有罪，正義與真相站在同一陣線，這個信念沒有狠心拋棄我。

然而，針對我的人身攻擊與指責始終沒停過，二度傷害變本加厲，我成了在這世上無立足之地的怪人。謊言的影響速度比真相快多了，一句不分青紅皂白的煽動，需要數百個有條理的句子善後。專心打官司時，根本不可能承受那一切言語的箭靶，遑論替自己辯解，但我的沉默更使眾人對我起疑心。

參加 Me Too 運動後，在我沒有公開發表言論的期間，世人用眼神在我身上蓋下奇怪女人的烙印，質疑如雪球般越滾越大，對被告的同情卻水漲船高，甚至出現被告安熙正要回歸政壇的消息。直到大法院三審定讞，我才勉強能與安熙正切割。但我毫無安全感可言，被囚禁在眾人打造的惡女框架中，不得動彈。

苦思良久，我決心再次向世界喊話。為了生存，第一次我選擇說出口，這決定帶來椎心刺骨的痛，使我躊躇不前，但我無法任由謊言繼續橫行。於是我開始寫字，即便入院也手不輟筆。我靜下心來，一寫再寫，最後集結成了這本書。

但要將這本書付梓問世並不容易，我與幾間出版社接洽，他們都對出版此書感到壓力。歷經一波三折，最後遇見了現在的出版社 baume à l'âme。

過去兩年，有許多人與我並肩作戰，但在各種想尋死解脫的挫折中，這條路卻極其孤獨。所幸提筆寫作的時光並不孤單，就像自然地與某個在紙張背後默默支持我的人對談。我看著自己掙扎求生的時光，逐漸轉變為白紙上的字，獲得慰藉。我帶著真相與真心，毫不保留地寫下我的遭遇與真相，鼓起勇氣傳遞給各位，懇切地請求大家能不帶偏見地閱讀本書。

我希望透過這份用血淚寫下的紀錄，能終結我的痛苦，並對身處某個角落的其他受害者伸出手。

金智恩

二〇二〇年二月

第一章

Me too
——控訴權力

#妳也要參加 #MeToo？

二〇一八年二月二十五日，惡夢再度甦醒。我原以為再也不會被安熙正性侵了。二〇一七年，我被聘為隨行祕書，初期被性侵三次，每當安熙正犯下罪行後，都會說：「我再也不會這樣做了，真的很抱歉。」我每次都真心相信了他，否則我會活不下去。被傷害後的我雖想死，卻也想苟且地活著，我並不想否定過往認真的人生。為了生存，我必須遺忘，哪怕是要將鮮明的記憶從腦中挖出來，我也必須活著。直到覺得自己再也承受不了，鼓起勇氣向身邊的人求助，卻吃了閉門羹。我於是明白，除了沉默我別無他法，我以為直到死的那天，都沒辦法再說出口。

擔任隨行祕書越久，越深刻體認到安熙正握有多龐大的權力。我是受害者，將此事說出來的瞬間就可能人間蒸發，這恐懼令我不敢動彈。後來我才學到一個描述此現象的詞「習得性無助[2]」。我必須揹負這個炸彈生活，只要我開口，就會引爆全身的雷管身亡。但痛苦的記憶未曾抹去，為了忘記，我刻意區隔事件與工作，也將加害者安熙正與職場上司知事[3]安熙正徹底區分。我既無法從加害者手中逃跑，也無法大聲求救，只得束手就擒。後來我也才知道，這稱為「解離現象」。

安熙正的幕僚稱我為「殉葬組」。意思是王駕崩後，必須帶著王所有不為人知的祕密一起活葬，也就是到死都要封住嘴巴。安熙正在組織內的地位難以撼動，他是下屆總統大選中最有力的候選人，多數人都如此認為，因此安熙正的話是不可忤逆的命令。既然組織中最高的權位者都道歉了，我也只能接受，繼續過著服從的人生。過去八個月不斷屈服的人生，壓縮成二月二十五日這一天，最後一個受害日。

二〇一八年二月二十四日晚間，我結束工作，從首爾南下回鄉，與家人一起享用晚餐。這時安熙正聯繫我，我感到驚慌，他要我到位於麻浦的住商公寓——那是安熙正有首爾行程時會使用的地方，也是之前經常因公出入的場所。他說有急事找我，但已經很晚了，我心生恐懼，擔心又會發生什麼不好的事。平時就經常未事先告知有什麼工作，只要求我先去，等抵達該場所才會下指示，所以我只好先行前往。就算重感冒請了病假，只要知事一聲令下，就必須立刻出勤，這種模式早已成為日常，其他員工也多半如此。

2 Learned helplessness，心理學術語，指經過某事後學習得來的無助感，尤其是面對失敗的反應。

3 地方首長名稱，安熙正於二〇一〇年起連任兩屆忠清南道知事，相當於省長。後因其性犯罪行為，於二〇一八年三月六日卸去職務。

「知事找我，怎麼辦？」我無奈地和家人說。無論休假或節日，回家後又被叫回辦公室的情況已經發生多次。有一次是晚上十一點，還有一次是回家才半小時又要去。難得能團聚卻被迫早早結束，家人雖感失望，但也沒辦法強留我。

但我仍用了最委婉的說法告訴安熙正，要回首爾恐怕很難。時間這麼晚了，又必須共處一室，我也害怕會發生什麼事。但安熙正催促我說有事商量，要我必須來一趟，晚一點也無妨。妳在哪裡？快點過來。在接連不斷的催促下，我的心臟都快跳出來了。有什麼辦法能讓安熙正不要再找我？不，那是不可能的。那麼，我能讓安熙正繼續等我嗎？不，當然行不通，我無法違抗他。我穿上高跟鞋火速趕去住商公寓。那一天，我再度經歷了死亡。

位於首爾麻浦區桃花洞的住商公寓就是第三次性侵的地點，為安熙正的友人S先生擔任大股東的建設公司所有。安熙正於二〇一七年十月得到這間公寓，便把夫人和自己的私人物品搬來這邊使用。這個場所用途究竟為何，安熙正比任何人都清楚，這是為了提供安熙正方便而存在的地方，連知道的人也對這個場所三緘其口。雖然過去也有針對該場所的疑惑，卻沒有更進一步的調查。

那天安熙正緊急找我過去，說必須處理的重大事情，就是要從我口中聽到「我不會參加MeToo」，但性侵再度發生。犯下罪行隔週，安熙正公開宣稱自己支持MeToo。美國的MeToo運動已席捲全球，引發眾人質問安熙正身為政治人物，為什麼完全不表態的時間點也相對晚了許多。

那天，安熙正看著來到住商公寓的我說：「最近我看到MeToo運動，明白自己傷害了妳，還好嗎？」他觀察我的反應。我不知道該說什麼，只能沉默。

「對不起，妳還好嗎？」他再次問我，「現在還好嗎？」我無法回答，默默垂下頭。他問：「關於MeToo，妳有什麼看法？」接著又談起我的未來，「我是可以休息一陣子，但妳也要跟著休息。」安熙正再次讓我體認到，我和他是命運共同體，我感受到強烈的壓迫感。

我說，「我怎麼敢參加MeToo呢。」他從我口中得到了答案。安熙正讓我對自己的回答感到無力後，再度對我性侵。我逃不了，在放下圈套、等待食物上門的獵人面前，我動彈不得[4]。

犯行結束、超過凌晨兩點的深夜時分，安熙正對我說：「我太太早上會過來，妳清掃完就出去吧。」他告訴我打掃用具的位置，我用除塵膠帶整理了寢具。我在清掃時，安熙正在看高爾夫球頻道，不斷催促我怎麼還不趕快出去，似乎對我掃太慢感到不悅。我被那語氣嚇壞了，一時不知該把握在手中的一把垃圾丟在哪裡，於是胡亂塞進皮包後走了出去。

我覺得自己好悲慘，那天的心境猶如被揉成一團的垃圾。安熙正過去六個月暫時中止的惡行又出現了，我再度墜入深不見底的地獄。我心想，我一輩子都無法擺脫這個枷鎖。

4 原書註：二〇一八年七月二日一審第一次開庭，檢方稱此為「典型職權性侵嫌犯樣貌」，並解釋安熙正所犯的性侵具體情況，指責其將身為隨行祕書的受害者叫到自己的住處，使用措辭：「實則為設下圈套，等待獵物上門的行為」。之後，檢方對自己使用可能引來誤會的非法律用語道歉。

#奇怪的女人

二月二十五日的幾天前，媽媽打電話問我：「什麼時候回來啊？」我和媽媽說好週末回去，家人都在等我。就在我收拾行李時，接到同事聯繫。當天要拍攝ＫＢＳ的時事教養節目《明見萬里》，但現場沒有隨行祕書，政務組人員也很少。這是從我接下隨行祕書後就開始參與會議、籌備了半年的行程。碰上這等規模的行程，隨行人員卻少得不可思議。換作平常，應該每個人都要來才對，但也許正值週末，連政務組也幾乎無人駐守。聯繫我的同事Ｋ不太瞭解政務組的業務，我覺得他必須獨自處理這些很可憐，於是掌握狀況後來到現場，Ｋ也放下了心中大石。

我一抵達電視臺，看哪裡缺人手就去幫忙，大約整整四小時都站著監控現場的螢幕旁，只要是政務組的人都會這麼做。前任祕書交接時表示，舉行總統大選討論會時，現場也只允許一名員工出入，由隨行組長入場監控畫面。我也按照前任所說的執行，確認知事的語調、現場氣氛，用手勢向知事傳達訊號，一邊確認現場狀況和錄影內容，一邊與負責人溝通。

「幸好有智恩小姐在。」K邊說邊把手上知事的物品和衣物遞給我。他之前就覺得安熙正很難搞，每次工作都會要求我或另一位女同事Y幫忙，像拍攝影片時，原因在於有女性在場，拍攝氣氛才會和樂融融。

參加MeToo後，安熙正與部分媒體卻宣稱當時的我是想見安熙正，即便不屬於自己的業務範圍卻還是跑到現場。只要是待過道廳或競選團隊的職員都會知道這是謊言，卻被說得好像是事實，成為熱門話題。我不僅有正式的出差紀錄，實際上也做了事，目睹這一切的人也不少，安熙正卻主張我是他的「私生飯[5]」。連同事K也持相同論調，明明是他要求我提供工作協助，也向同事說很感謝我幫忙，但上了法庭說詞都不一樣了。

當時我是管理安熙正個人電子郵件與社群網站的政務祕書，必要時可以隨時和他見面、直接聯繫他。不知道我工作內容的人可能會隨這種無中生有的說法起舞，但就連對業務組織瞭若指掌的同事都沒有出面指正。打官司時，比起證明安熙正的性侵事實，攻防那些荒誕無稽的主張更令我心力交瘁。

俗話說「三人成虎」，好幾個人一起說謊，我就真的變成了「那種女人」——公私不分、知事的私生飯、不可信賴的怪女人。在我身上貼的這些標籤，成了打官司時他們用來窮追猛打、也幾乎是唯一的策略。

5 指沉迷偶像致走火入魔的粉絲，甚至會有追車、跟蹤對方等瘋狂之舉。

#在活著的權力面前說出眞相

「我是安熙正的祕書金智恩，過去多次遭到安熙正性侵。」

二〇一八年三月五日，我在活著的權力面前說出「真相」前，我一直在恐懼中顫抖。下屆總統有力候選人、是未來的掌權者安熙正，其影響力是現在進行式，他的力量難以估量。他不但是下屆總統民調第一名，還曾參與學運、具有三八六世代[6]的優勢。從青瓦臺到財政界，與安熙正建立關係的人多認為他會成為下屆總統，都渴望能結識他。與各界建立關係，觸角蔓延、彷彿具有生命的龐大組織核心，正是安熙正本身。

要參加MeToo運動揭發這等人物，說出「你犯了錯」，不只是對安熙正個人喊話，也意味著與他的政治地位，以及與其有關的無數人士對抗。對我來說，MeToo是展開一場與深不可測的力量的抗爭，就算能倖存，來日也將如行屍走肉的自殺行為。

但就算會死，我也不想再回到那個賊窟。第一次性侵發生後，安熙正向我道歉，我以為一次就會結束的傷害卻反覆發生。二〇一八年二月，我再次受害，這才領悟到自己永遠無法逃離。我想擺脫這個反覆的枷鎖，再也不想當一個被獻給神祇的祭品，靠遭受性侵維持生計，身邊的人卻都默許領導者使用暴力的那種組織。

看到徐志賢檢察官參與MeToo運動，我一直感到很不真實，只當成新聞上別人的故事，是另一個世界的事，而非我的現實處境。我劃清界線，閉上了眼，「妳不過是個無名小卒，妳的對手是總統候選人安熙正，妳絕對打不贏的。上次不也如此？就算鼓起勇氣說出來，也沒人願意出手相助，只要妳閉嘴就沒事了。」

但MeToo在韓國開始發酵，過去沉默的女性逐漸發聲。我看著她們陷入苦惱，鼓起勇氣，又猶豫不決。二〇一八年二月，安熙正在我面前提起MeToo卻再度性侵我。如今這種事不會再發生在我身上了吧？我帶著自嘲的口吻洗腦、苦撐的日子頓時潰堤。我感到自己很悲慘，暈眩、頭痛、出血等病痛隨之而來。被性侵後，我去了澡堂，洗了又洗，卻什麼都洗不掉。

這時，競選期間擔任安熙正隨行組長的前輩打來，問了幾件公事，但就連話筒另一端的微小聲音，都彷彿在鞭打我的心，皮膚細胞彷彿飛至空中自行移動著，我根本沒辦法正常對話。前輩很快

6 三八六世代，最先見於九〇年代後期，指當時三十歲、在八〇年代上大學、六〇年代出生者，近似臺灣的「五年級生」。

就察覺有異，問：「有什麼事嗎？我可以幫妳，妳說說看。」我猶豫了一番，終於吐露了被性侵的事。話筒那端一陣寂靜。是啊，果然大家都一樣，根本沒人會幫我。就在腦中閃過這種想法時，前輩的聲音打破了沉默。

「我幫妳。」

聽到這句話，茫然的恐懼頓時瓦解。我決定昭告天下，但是，我真的能辦到嗎？

#現實與理想擺盪的一週

下定決心後，我依然猶豫著該不該報警。我擔心自己無法與之對抗，龐大的權勢會導致一切不了了之。假如像過去一樣，我一個人忍著，是否就能相安無事？找律師諮詢前，我需要莫大的勇氣與決心。

我突然想起我曾對後輩說的話，關於安熙正的眼神，後來她又對我提起：「我現在知道姐姐之前說知事看人時，彷彿掃過對方全身的感覺是什麼了。」後輩說，安熙正一直找她。我的心臟頓時漏了一拍，這不是我逃避就能解決的，這件事很可能不會在我這裡結束。就算我能擺脫這惡夢般的賊窟，其他受害者仍會繼續出現。

冷不防想起後輩的話後，我更加畏懼。黑影正逐步靠近我的後輩，我無法看著別人也被扣上箍緊我的腳鐐，卻成為佯裝不知的旁觀者。這個罪行無論對我、對我身邊的人來說依然是進行式。我必須阻止這一切，我認為這是我能扮演的最後一個角色。倘若我的同事、後輩也發生相同的事，我大概無法承受。我雖能想辦法掩藏我的傷口，卻無法容忍自己成為讓罪行一再發生的幫兇，我也許會因此先瘋掉。

二月二十五日，第四次被性侵後，安熙正觀察著我的狀態，問：「對不起，妳還好嗎？是我不夠成熟，原諒我吧。我看妳今天沒上班，不舒服嗎？希望妳能趕快好起來⋯⋯」後來仍不斷傳訊息、打電話，我竭力避免自己表現出來，卻很害怕那如傾盆雨點的奪命連環叩。

後來我在道廳走廊巧遇安熙正，立即躲到前方的人背後。這下意識的反射動作讓我領悟，如今就算是工作也無法穩住我的心了。

訴諸法律途徑的想法再度變得堅定。我找了律師，律師說因為對方是公眾人物，一旦訴狀受理，無可避免地會被公諸於世。我雖希望自己能在被保護身分的前提下揭發，但也知道不容易。在律師的提議下，我見了調查報導組。假如要避免這起事件不被掩蓋，就需要媒體持續關注。就算之後才會決定是否報導，他們仍會先記錄並追蹤調查。

我表示，正式提出告訴前，不希望有任何報導。比起披露某人的過失，揭開真相、獲得法律判決更重要。我要求記者要絕對保密，若安熙正察覺了，我不知道自己會有什麼下場。

二〇一八年三月五日訊息

訴狀被受理、進行調查前，請擋下一切報導。（⋯⋯）

倘若無法揭開真相，我會全心專注在訴訟上。

調查很重要，請幫助我。

記者大人，我很急迫，也很害怕，請您揭開真相。

（……）

記者大人，這並不是什麼熱門話題，是刑事案件。

但隔天安熙正就開始打給我。我不是沒有預想到安熙正的人脈，他早晚會知情，只是這也太快了。我心想，是我期望太高了嗎？現在我死定了。我不禁懊悔，找媒體真的是最好的方式嗎？我埋怨記者，也埋怨起自己。我害怕尚未開始調查，就被權力埋葬了一切，也怕自己會一起被埋葬。

很快的，上至安熙正的兒子，下至道廳、競選團隊、〇〇研究室的職員都紛紛來電。我很不安，卻無處可逃。這麼快就開始了嗎？我都還來不及跟家人提這件事，該怎麼辦？我只能打起精神面對這快速捲入的漩渦，做出判斷：與其被扭曲或隱匿，親自說出來無疑是最佳方案。

直到直播兩小時前，我才和媽媽聯絡，當時我不知道能說什麼，只說：「媽，我要參加MeToo，如果不說出來，我覺得自己會死，別讓爸看到新聞。」從我口中親自對媽媽說出「安熙正」這個名字、告訴她我遭受什麼傷害，實在太煎熬了。我很擔心媽媽會怪罪自己，更怕爸爸看到新聞會昏過去。爸爸曾因腦出血而暈倒，那時在急診室意識恍惚的爸爸，一直喊著我的名字，讓我很自責，認為爸爸生病都是因我而起。

告訴家人後，我堅定了決心，只是走入電視臺的瞬間卻遲疑了。「只要把被性侵的事實從記憶中抹去，不就能一帆風順地過下去嗎？」這想法再次浮現。節目開播在即，我在那短短時間內反覆猶豫了不知道多少次，最後咬緊了牙，步上死而後生之路。

我走進《新聞室》節目攝影棚，這裡就像沒有空氣般一片靜寂。我見到調查報導組的記者，對方看起來很緊張。孫石熙社長在播報新聞的空檔向我走來。他與我握手，沉默地看著我，眼神很清明，彷彿這裡的所有人都帶著真心替我加油。

好，上節目吧。

佩戴麥克風時，我思考著接下來會碰到的情況，卻毫無頭緒，好像要暈倒了。在肆虐的暴風中回過神來，我已坐在鏡頭前。工作人員謹慎地替我別上麥克風，盡量將椅子調到最高。訪綱是在節目開始前才收到的，就只有這樣，我毫無準備，不知道該看哪裡說話，該從哪件事說起，講話音量應該多大，也沒人告訴我訪談時間有多長。他們告訴我，只要把經歷的一切說出來就好。但就連和律師兩人獨處時，要我談論自己被傷害的過程都不容易了，更何況是在鏡頭前。雖然主播面前有訪綱，我的眼前卻空無一物，也不知道該將目光放在哪裡。聽到主播提出的第一個問題，我的腦海一片空白，燈光漸趨擴大，彷彿下一秒就要將我吞噬。我的頭好暈，害我必須坐在這裡的一切，都讓人怨恨。

JTBC新聞室訪談

二〇一八年三月五日，JTBC《新聞室》節目訪談全文：

主播 不同於之前的MeToo運動，揭露「被直屬長官，也是現任道知事性侵」的事實，又帶來另一種衝擊。就像先前所說，我們必須親自傾聽受害者的說法。當然，我們剛才也報導了安熙正知事針對此事提出的異議。假如有補充的反對意見，我們也會傳達給各位。安知事一方也表示會另外發表他們的立場，明天（六日）請持續鎖定相關內容。

安熙正忠南道知事的政務祕書——金智恩小姐現在來到了我身旁，歡迎您的大駕光臨。來到這個場合很不容易，我們也很擔心該不該邀請您上節目。不過，金智恩小姐明確表示要親自揭發一切，我們才邀請您來到這裡。

首先，去年六月底您擔任忠南道知事的隨行祕書，現在是政務祕書，但總之是從隨行祕書開始做起，一直到上個月底，也就是說，這是在大約八個月內所發生的事。安熙正知事與金智恩小姐間發生的事是因位階而起，換句話說，是濫用了職權，您會如此主張的理由是什麼呢？

金智恩／忠清南道政務祕書（以下稱金智恩） 對我來說，安熙正知事從頭到尾都只是安熙正知事。所謂隨行祕書，是當所有人說「NO」時，必須說「YES」的人，也是必須誓死守護知事的人。知事最常耳提面命的話就是：「不要添加妳的意見、不要說妳的想法、妳是映照我的鏡子、要清澈透明地映照出我的樣子、要像影子一樣。」所以我無法對知事說的話提出反問，只能唯命是從。我深知他握有多大的權力，因此我必須時時贊同他，配合知事的心情，甚至只要他稍微皺個眉都必須畢恭畢敬，這就是隨行祕書的本分，所以我什麼都無法拒絕。也因此，這樣的關係並非出於我的意願。

主播 那麼，去年六月以前，您有沒有在工作上如此輔佐安知事呢？

金智恩 您說什麼時候？

主播 去年六月以前。

金智恩 沒有，之前我是待在宣傳組，而且是在知事的團隊，之後才來到道廳。

主播 不過，稍早前我們報導了安熙正知事提出的異議。他們主張，雖然這段關係並不恰當，卻完全是在雙方協議下發生，並非強迫。關於這點，您是否能……

金智恩 我和知事並不是可以協議的關係。知事是我的主管，也是必須無條件聽從的人。我和知事並不是能平起平坐的關係。

主播 我們當然也很清楚，雙方的地位無法平起平坐，也因此，您才會表示這是因位階所引起的強迫行為，不是嗎？

金智恩 是的，沒錯。

主播 是否有人察覺你們兩人發生的事，或金智恩小姐曾向誰吐露自己的遭遇？

金智恩 實際上，我發出過好幾次求救訊號，有前輩察覺不對勁，問我是不是發生了那種事。當時我說了，卻沒有得到任何幫助，前輩並沒有告訴我該如何解決，接下來又該怎麼做，只叫我拒絕。我也拒絕了，在瑞士時，我說了不要、這樣做不太好，結果……

主播 好的，我明白了，也就是說，金智恩小姐您已經對安知事本人表達過個人想法了吧？

金智恩 就我身處的立場而言，我已經做了最大程度的表示。

主播 例如，「這樣做好像不對」？

金智恩 是的，我在工作時完全不會拒絕或說有困難，所以就我而言，當時語帶猶豫地說有困難，已經是最大程度的防禦，知事也一定聽懂了，那已經是最鄭重的拒絕。

主播 剛才您說其他前輩有察覺，不過金智恩小姐您是否曾對安熙正知事以外的任何人吐露這樣的苦惱？因為關於這個問題，目前知事一方否認，因此律師團表示，最快可能明天就會提告，這部分可能會成為重要的證詞，我才會提出這個問題。

金智恩 因為實在太痛苦了，我曾經打去精神科，希望接受電話心理諮商，因為工作太忙碌，我沒辦法親自前往。精神科診所表示無法進行電話諮商，而且其實除了安知事，也發生過類似的猥褻事件。我曾經要求解決那件事，卻看不到任何積極作為，所以我心想，當我說出比這更嚴重的事、提到安熙正知事的作為，根本沒人會幫助我，只要炒我魷魚就天下太平了。

主播 您提到，除了安知事，還有其他猥褻事件，這同樣是發生在金智恩小姐身上嗎？

金智恩 沒錯。

主播 現在要請您說出那是什麼樣的事件，會有點為難嗎？

金智恩 是的。

主播 同樣也是發生在那周遭的事？

金智恩 是的，沒錯。

主播 既然您不願意說，那我就不問了。

金智恩 好的。

主播 您如此大聲疾呼，卻孤立無援，您的心情是怎麼樣的？

金智恩 發生那種事後，知事總會對我說某些特定的話、傳送Telegram祕密訊息，像是：對不起、別放在心上、是我的不對、忘了吧、都忘了吧、只記住優美的瑞士與俄羅斯的風景吧、都忘了吧……因此我告訴自己必須忘記、只能忘記。雖然記憶存在著，但為了生存，我只能一再將它們刨挖出來，變成不存在的記憶。

主播 您說試圖把它們變成不存在的記憶，可是您卻來到了這裡。是什麼讓您下定決心？

金智恩 知事最近晚上找我過去，提及MeToo運動，似乎對MeToo感到略為不安。他對我說：「我看著MeToo運動，明白這對妳造成了傷害，對不起，妳（那時）還好嗎？」我當時心想，「今天知事應該不會那樣了」，結果那天他又對我伸出了狼爪。

主播 這是什麼時候的事？

金智恩 二月二十五日。

主播 二月二十五日？

金智恩 是的。

主播 徐志賢檢察官是在一月二十九日來到這個節目，所以是在那之後約一個月發生的事。正如各位所知，當時是MeToo運動沸沸揚揚的時期。您是說，在那種情況下，依然發生了那種事？

金智恩 是的，他提到MeToo，而且在向我道歉後又這麼做，讓我忍不住想，看來我是無法擺脫這裡、無法擺脫知事了，究竟該怎麼做才能逃脫？

主播 我們從報導得知，安熙正知事今天針對MeToo發表了立場，您看到內容了嗎？

金智恩 我沒看到。

主播 他提出了支持MeToo運動，原來您還沒看到那則新聞。

金智恩 是的。

主播 那麼，他是否曾拜託金智恩小姐您絕對不要將這種事說出去之類的？

金智恩 知事在我面前提及MeToo，就是要我別談論它，我把這當成是一種無言的指示。

主播 如您所知，過去MeToo運動的部分情況，是加害者積極否認，演變成真相攻防戰。律師應該跟您說過，性暴力受害者會面臨必須舉證的問題。萬一證據稍有不充分，在法庭上造成不利的情況也時有所聞。因此，針對這些面向進行改革，也是MeToo運動的核心之一。所以，當律師預計明天就要開始採取法律行動時，金智恩小姐似乎會持續碰到相當棘手的狀況。當然，這些您肯定都考慮過了。您現在手邊是否持有要拿出來的，好比說能作為證據的物品？因為您都已經說到了這一步，出於擔憂，我才會說這些。

金智恩 我就是證據，我會把和知事之間發生的一切都說出來，它們全在我的記憶中。

主播 我明白了。律師團將會盡最大努力將金智恩小姐的記憶客觀化，在這過程中，又會得知更多內幕吧。去年在這些事件如火如荼地進行時，您的職務從隨行祕書轉為政務祕書，您知道理由是什麼嗎？

金智恩 我不清楚，就只是知事說要調動職務。

主播 這樣啊。

金智恩 是的。

主播 基本上，一旦擔任政治人物的隨行祕書，我們都很清楚，這是個需要二十四小時待命的職位，由女性擔任的情況似乎並不常見。您是怎麼成為知事的隨行祕書的呢？

金智恩 周遭的人都告訴我是知事的意思，是知事任命的。

主播 任命啊，那麼您本人是否曾感到困惑，覺得這種工作似乎不太適合自己的個性？

金智恩 當然會有困難的部分，但這裡的體制就是叫妳去這裡、去做什麼，就只能照做，我也只能聽命行事。

主播 來接受訪問前，這幾天是否曾接到安知事本人或相關人士的聯繫？

金智恩 直到我來到這裡之前，與安熙正知事相關的人士也不停打電話來。

主播 今天也是嗎？

金智恩 是的。

主播 他們說了什麼？

金智恩 我今天沒有接電話。

主播 今天之前呢？

金智恩 在這之前，只是一直說對不起，問我還好嗎？

主播 那是安知事說的嗎？

金智恩 是的，安熙正知事向我道歉。

主播 他有沒有具體說是對哪方面感到抱歉？

金智恩 他曾經口頭說過，「對不起強迫妳發生關係，抱歉對妳造成了傷害，我不該那樣做，卻做了丟人的行為。」他一直這麼說。

主播 倘若此事屬實，今天您發表的立場，也就是這並非雙方協議下的關係。

金智恩 是的，沒錯，知事本人一定比誰都清楚。

主播 雖然剛才稍微提了一下，但今天接受訪問後……真的很抱歉，您可能會更加痛苦。最後，您是否還有什麼要補充的？我們會給您一點時間。

金智恩 我確實很害怕接受訪問後會面臨的諸多變化，但對我來說，最令人害怕的莫過於安熙正知事本人。我也想過，今天過後我可能就會人間蒸發，所以我認為上節目能保障我的人身安全，也希望各位國民能透過這個節目守護我。哪怕是一點保護都好，也希望各位能幫助我揭發真相。我和知事是兩個不同世界的人，我希望能從國民身上獲得力量，希望能阻止他。我很想擺脫這一切，也知道還有其他受害者，我想給她們勇氣。

主播 您現在說的其他受害者，是指還有人因安熙正知事受害嗎？

金智恩 是的，我認為，只要國民願意守護我，她們也會願意站出來。

主播 我明白了，我們會再次彙整訪問內容，在下半部完整傳達給各位。相信我們不必額外說明，也知道您來到這個場合相當不容易，謝謝您願意上節目，也相信您身邊有許多人與您站同一陣線。以上是金智恩小姐的訪談，謝謝大家。

#失去家，也失去了工作

直播一結束，該電視臺前就聚集了各家媒體，甚至有記者跑到地下攝影棚來。據說電視、網路全被我沒出息的名字和臉孔占據。

但我無處可去。準確地說，是把自己是犯罪受害者的事實公諸於世後，我失去了可去的地方。當時我住在忠南道廳附近，是員工密集居住的地區。我再也無法回家，也無法回到職場。雖然有收留性侵受害者的保護機構，但因為時間很晚了，我沒辦法入住。陪我前往電視臺的性暴力諮商室社運家讓我住在她家。

我待在休息室，靜候外頭的情況與我的心慢慢平復。我害怕極了，寒氣包覆我的全身，我瑟瑟抖個不停。可是外頭的圍堵絲毫不見消散，我只好從頭到腳藏在車裡，離開了停車場，一整天直到深夜，我什麼都沒吃，但連一家小吃店都無法走進去。其他人替我買回辣炒年糕和魚板，在車內打開黑色塑膠袋，車上四人一起分食充飢，我喝了口魚板湯，冷意終於消融。

一位同行者說：「我還以為智恩小姐會一句話都沒辦法說就暈過去……內心七上八下的。」

「我也整個人僵住了，心想這究竟是什麼情況。」

當時我完全無法想像，之後的風風雨雨會延續多久。大家都彷彿置身颱風眼中，沉默地坐在車上。

雖然保住了性命，但我仍需要保護。節目隔天，我立即向性暴力諮商室營運的受害者保護機構申請入住。保護機構是團體生活的地方，主要入住者為青少年，像我這樣同時失去工作和住所的職場性暴力受害者很罕見。

節目播出隔天的三月六日，我被免職了[7]，原因是任命權者卸去了職務。我的雇傭狀態是這樣的，當任命權者安熙正解僱我或安熙正失去職務時，我的合約就會立即解除。原先擔心參加MeToo後會失去生存權的憂慮，立刻化為現實。

聽說成人受害者因為已經很習慣個人生活，較難適應具有各種規定的宿舍生活。但我能夠克服這些不便，我需要能安然呼吸的地方，我沒辦法去任何親朋好友家，因為我需要一個沒人知道我的地方。

我雖然住進保護機構，卻沒有任何替換衣物，於是從保護機構的舊衣回收箱中找到符合尺寸的黑色褲子和藍色針織衫，貼身衣物則由保護機構提供。有衣服能穿真是令人感激。平時總是漫不經心地經過舊衣回收箱，此時卻感受到它的可貴。在此之前都只能穿著相同的衣服，現在才終於能換洗。轉眼已過了一年，但我至今仍會穿那件衣服。

我住進四人房，配合就寢時間關掉手機，交給值班人員。熄燈後不能有任何說話聲，也不能有一絲光線流出，必須在床位上立刻就寢。就算睡不著也必須待在寢室。每週兩回，我和組員一起清掃客廳、廚房、洗手間、樓梯等區域。我負責廚房，把冰箱食材全數取出，擦拭冰箱，將已經過很多天的小菜或不新鮮的食物丟棄，整理碗櫥的盤子。接著擦拭淨水器、微波爐、瓦斯爐、小烤箱等，包括餐具、烹調器具、餐桌、流理臺、抹布、廚餘、廚房內的垃圾桶、資源回收和地板全都打掃乾淨後，再開窗讓廚房通風。每週約輪流下廚四、五次，準備食物時要盡量避免菜色重複，洗碗盤也是廚房值日生的工作。做飯時必須提前準備，才能在預定時間吃到溫暖的飯菜。

實際住進保護機構後，發現能與別人在一起，不再獨自一人這點令我安心。到固定時間就把手機關掉交回、就寢；在固定的日子清掃、當廚房值日生；把保護機構成員當成家人，一起開家庭會議、扣分制度等，有如大樹般堅定，幫助我整頓混亂的思緒。雖然並不輕鬆自在，但多虧這些，即便是夜不成眠的日子，我也會強迫自己閉上眼睛；雖然沒有半點食慾，但因為是室友做的飯，我會

7 原書註：二〇一八年三月六日，忠清南道行政副知事南宮永召開記者會：「關於受害者金智恩小姐，尊重其去留的意願。」但同日下午，金智恩就收到忠南道廳人事科的電子郵件：「於今日三月六日起進行祕書免職程序」。

試著吃一口；雖然不能外出，但原本會垂頭喪氣呆坐的我，卻能忙著打掃、活動筋骨，讓自己流點汗。就這樣，凌亂四散的心智也跟著煥然一新。

但時間久了，待在保護機構還是越來越有壓力。無法繼續過團體生活的那一刻來臨了，事件的壓迫感太過強烈，每天播出相關新聞、荒誕無稽的假消息，以及檢方三次通宵的受害者陳述調查、八卦、二度傷害、心理分析、拘票實質審查、安熙正駁回拘票、安熙正兒子來電、再次申請拘票、再次駁回、不拘留起訴……全都在短時間內發生。就像不斷有汽車朝我衝來，我卻連驚呼都來不及。多次被輾壓的我，即便有再多情緒，都必須遵守保護機構的規定，不能談及任何與事件相關或難受的事，必須獨自承受。

團體中的每個人都懷有傷痛記憶，為了獲得情緒上的休息，這是必要的規定，但我迫切需要宣洩管道。因為是好幾個人住在同一個空間，我無法獨自在某處通話或哭泣。不能傾訴實在太痛苦了，內在衝突不斷的我，需要解脫的出口。

岩漿從龜裂的縫隙溢出，最終爆發。我開始自殘，用尖銳的東西刺自己的手臂和大腿，用拳頭打自己的腦袋，狠狠揍了自己一頓。我用頭撞牆，因憤恨不平而放聲大吼，淚水也不停湧出，我嚙咬手指頭和指甲直到見血也不停止。走進廚房時，我看見刀就想拿刀劃自己的手腕。想起不知在哪聽過，輕輕劃過手腕是死不了人的，只有刺到深處才會致命。我察覺自己的狀態漸趨惡化，再這麼下去可能會瘋掉，於是立刻告知社運家。我必須去看精神科醫師，也迫切需要心理諮商。雖然靠藥物能緩解部分症狀，但這絕非明智之道。我需要有個擺脫這猶如馬拉松連續不斷的事件、放下緊張感的休息時間與空間。被吹得鼓鼓的氣球不知何時會炸開的不安感，已經達到極限。

我接受心理專家的診斷，並和性暴力諮商室的專家討論，最後決定搬出宿舍。在周遭幫助下，用過去攢下來的薪水，搬到一個四坪多的空間。

#妳就非得露臉不可嗎？

有人問我，「妳就非得拋頭露面，讓大家知道妳的名字和長相，才能揭發這件事嗎？」參加MeToo後，我的生活四分五裂，直到現在也無法過正常生活，但我別無選擇。

強而有力的下屆總統候選人安熙正，與包括法院在內的情報機關、調查機關等領域的權貴顯要有密切往來，就連沒有公開表示支持的知名人士，也都私下表態自己和安熙正同一陣線。我一直都知道這種世界的存在。決定對加害者進行法律制裁後，我認為，假如我不公開要求調查，事件可能會被掩蓋，我可能會喪命，最恐懼的是，加害者不會受到任何懲罰，並繼續出現其他受害者。唯有向更多人求救，請大家守護我，才能讓我免於一死。拋頭露面是自我保護的方法。

參加MeToo後，媒體像在互相較勁般，爭相取得我擔任隨行祕書的相關影片，大肆播放。未經肖像權使用許可，我過往的生活毫無保留地被攤在世人面前。政治明星的隨行祕書長什麼樣子，誰都能輕易找到，而安熙正一方反覆將社群帳號公開又關閉，導致我平時的照片外流。即使遮住臉再參加MeToo，我的模樣也遲早會被公開。

假如我躲在遮簾後參加MeToo，各種臆測會蓋過事件本身，調查也不會徹底執行。我之所以以原本的面貌呈現在大家面前，是希望依其性暴力事件的本質，請大家將注意力集中在事件本身，徹底進行調查，並好好監督。

我並不後悔。在道廳的八個月，曾以為絕對無法從安熙正的魔掌逃離的日子，最後也走到終點。光是透過公開揭發，防止產生下一名受害者，就足以令我慶幸。我眼前再也沒有安熙正的罪行，我也擺脫了身處封閉組織中的無助與恐懼。

只不過，我死命抓住、亟欲守護的渺小日常，很悲慘地消失了。

#必須自行舉證的抗爭

安熙正得知我準備提告後，便對我窮追不捨，最後我懷著背水一戰的心情參加了直播訪問。我必須即刻提告，雖然根本來不及準備證明過去八個月期間犯罪事實的證據，但此事刻不容緩。我需要掌握銷聲匿跡的被告所在地、確認最後受害地點、確保被告的手機和隨行手機等證據。我決定先確認並處理四次性侵和數次性猥褻的狀況，至於隨時發生的突發性猥褻事件，則等之後檢方調查時再進行陳述。

有三位律師決定幫助我提起公益訴訟，我們將訴狀提交至最後犯罪地點的管轄機關首爾西部地方檢察廳（以下稱「首爾西部地檢」）。記者的採訪來電排山倒海而來，手機鈴響不斷，民眾也聚集到律師辦公室前，影響到職員的出入。

提告不代表結束，我還必須補交證據資料。司法部門並不會因為受害者的一句「我就是證據」就相信受害事實。陳述的一貫性、合理性、客觀性、動機都要考量，我必須擁有能明確證明受害事實的證據，才能保障說詞的可信度。

我提出了向醫院申請的診斷書和醫療紀錄，後來，媒體把這項在法庭上出示的證據拿來大作文章，彷彿我的受害事件成了商店街上炙手可熱的商品[8]。我不是向媒體，而是向法庭提出的一切，卻未經過濾，全成了煽動性的消費品，被擺到架上。

我把與犯罪受害事實相關的隨行日程、出差紀錄、收據、訊息與照片等資料全數提交。過程中，我接連領悟到自己遭受的不只是性暴力，甚至包括勞動權和人權侵害。過去我並非不知情，只是在無力中被迫沉默。聽完我的遭遇、願意與我並肩作戰的人，全都為我遭受的日常暴力感到憤怒。他們問我：「妳怎麼受得了？」無論是早已稀鬆平常的基本權益侵害，或極度痛苦的性暴力，過去那些沒能說出口的疲乏心境與情況，都由我提出的證據一五一十地道出。

8 原書註：〈受害者診療紀錄詳細犯罪經過，越界的安熙正公判報導〉（《No Cut News》，二〇一八．七．九）；〈安熙正公判報導依舊突顯受害者，公開受害者醫療紀錄，準則「有名無實」〉（《PD Journal》，二〇一八．七．四）

#MeToo後的五十天

參加MeToo後到一審判決出來為止，各種狀況從未間斷。其中有些事令人疑惑、絕望，也有些怪異的事，在此書中的紀錄只以事件本身為主。

二〇一八年三月六日：安熙正刊登道歉啟事，並辭去道知事一職

安熙正臉書全文：

我對所有人深感抱歉，尤其是對因我而痛苦的金智恩小姐最為抱歉，我為自己的愚昧行為祈求原諒。

祕書室主張「關係是在雙方協議下發生」的立場並非事實，這一切都是我的錯。

我將從今日起卸去道知事一職，並中斷所有政治活動。

再次向所有人致上深深的歉意。

安熙正筆

安熙正辭去忠清南道知事職務，忠南地方警察廳展開內部調查。雖然我的個人手機也接到女性青少年調查組開始進行內部調查的訊息，卻完全沒收到結果通知。究竟是從誰手中取得我的個資，也令人疑惑。我的律師團以安熙正利用職權性侵、位階姦淫等嫌疑，向首爾西部地檢提出告訴。

二〇一八年三月七日：首爾西部地檢開始調查

首爾西部地檢的「女性兒童犯罪調查部」是由四名檢察官組成。他們針對被指為性侵地點的首爾麻浦區住商公寓進行搜查，曾遭安熙正性侵的其他受害者也現身了。

二〇一八年三月八日：取消記者會

銷聲匿跡的安熙正預告將在忠南道廳舉行記者會，卻在兩小時前突然取消。原因無從得知，記者只收到前祕書室長表示記者會要取消的訊息：

在前往檢察署前，我想向各位國民、各位忠清南道居民垂首謝罪。在所有人都要求檢方盡快調

查的情況下，我認為在最短時日內前往檢調單位，誠實地協助調查，是向國民贖罪的優先義務，因此決定取消記者會。再次向各位致歉，並請檢方盡快傳喚，我將誠實面對一切。

通篇都沒有向受害者致歉，後來我間接聽說記者會取消的原因，內容也遲早會公諸於世。檢方對安熙正採取禁止出境的處分，也對住商公寓進行追加搜查。

二〇一八年三月九日：金智恩的第一次告訴人調查

我在上午十點抵達檢察署，隔天上午九點半才回家，接受了二十三小時半的告訴人調查。我仔細掏出記憶，依據事實詳細陳述，即便面對尖銳的質疑，仍把持耐性逐一回答，花了很長的時間。雖然陳述犯罪事實的經過很煎熬，但非做不可，因此我沉著的面對。

調查過程中，安熙正突然現身檢調單位，引發我必須迴避的短暫騷動。一般來說，性犯罪的被告與受害人會在不同天進行陳述，且場所狹小，必須區隔空間。但事發突然，根本來不及另外準備場地，檢方似乎也尚未準備好要對犯罪嫌疑人提出的訊問。後來，他們匆忙在其他樓層準備了調查的場所，並表示安熙正將在那裡接受調查。我暫時迴避後，才又回來繼續陳述。

我當下驚魂未定，但也別無他法。在短暫的休息時間內，我蹲坐著，把來檢調單位前準備的一袋麵包拿出來，一點一點撕下來吃。要是一口氣全吃光，感覺自己會吐出來，但如果完全不進食，又很難熬過漫長的調查。

一直繃緊神經進行陳述，讓我快喘不過氣來。我不是加害者，而是受害者，卻必須證明我告發的事實，接受無止境的提問並逐一作答。熬了一整夜後，包括輪流進行調查的律師、作為信賴關係人出席的社運家都筋疲力竭。奇怪的是，我卻比接受調查時更有活力。揭露積壓的真相後，這才感覺到自己活著。

律師看著當時的我說了幾句激勵的話：「隨行祕書好像不是隨便誰都能做的，我大概知道隨行祕書都是怎麼工作的了。」確實如律師所說，擔任隨行祕書數個月的我，幾乎每天都清晨上班，直到深夜才下班。睡得好也就是四小時，因為即便是晚上，工作的電話仍響個不停，更多的是睡不好的日子，熬夜根本不算什麼。受到侵犯後，要維持狀態不讓精神崩潰，還要專注工作的那些時光，訓練出我接受檢方調查的體力。這句話聽來奇怪，但我真的很慶幸。

安熙正現身檢察署時表示：「我對不起各位國民，也對不起我的太太和孩子。」接受了九個半小時的調查後離去。在檢調單位外等待多時的眾多記者問他有沒有話要對金智恩小姐說時，他說：「受害者是支持我、為我認真工作的幕僚，我對這一切感到很抱歉。」然後離開了現場。

正如安熙正所說，對他而言我是一名幕僚。這天，全國性暴力諮商所協議會對安熙正的突然現身表示遺憾，原因在於他在檢方尚未準備就緒、也未事先協議的情況下出席。

二〇一八年三月十三日

檢方搜查忠南道廳道知事辦公室和官邸。這天出現了「第三位受害人舉報」的報導。

二〇一八年三月十四日：第二位受害者A小姐提告

第二位受害者A小姐向首爾西部地檢提告。檢方向忠南道廳辦公室進行追加搜查。

二〇一八年三月十六日：A小姐的告訴人調查

檢方針對第二位受害者A小姐展開十六小時的告訴人調查。至於有關我的二度傷害情形，全國性暴力諮商所協議會決定提出舉發信，並將舉發信交給了首爾地方警察廳網路搜查隊。

二〇一八年三月十七日：金智恩的第二次告訴人調查

我接受了第二次告訴人調查。晚上八點出席，隔天凌晨六點回家。

二〇一八年三月十八日

檢方針對第二位受害者A小姐進行追加調查。

二〇一八年三月十九日：傳喚嫌疑人

檢方正式以犯罪嫌疑人身分傳喚安熙正。安熙正出席檢察署，聲稱「以為是雙方協議下發生的性關係」、「（與告訴人她們）是戀人關係」，接受了二十小時二十分鐘的徹夜調查。

二〇一八年三月二十一日

我和心理分析專家碰面，接受一整天的心理分析，回答無數道問卷的問題及無數測驗。由於必須說出令我煎熬的記憶，過程中淚流不止。

二〇一八年三月二十三日：申請拘票

檢方就刑法上被監督者姦淫、強制性侵、性暴力犯罪處罰等特例法中職權性侵之嫌疑，申請逮捕安熙正的拘票。

二〇一八年三月二十六日：安熙正未出席令狀實質審查

安熙正向法院提出不出席令狀實質審查的事由書，並表示「將帶著懺悔的心接受懲罰」。法院取消了令狀實質審查，將審判期日重新訂為二十八日。

二〇一八年三月二十七日

安熙正公開宣布出席令狀實質審查之意願，這次他表示：「我會誠實回答。」

二〇一八年三月二十八日：安熙正的拘票被駁回

安熙正出席了令狀實質審查，法官詢問：「犯罪時使用的手機在哪裡？」安熙正表示已經銷毀。當時安熙正並不住在自己家中，而是將住所遷到京畿道友人的貨櫃屋。儘管如此，法院仍以「無湮滅證據與逃走之疑慮」，駁回拘票。

二〇一八年四月二日

檢察官重新申請逮捕安熙正的拘票，理由為案情重大，且有湮滅證據之疑慮。

二〇一八年四月四日

安熙正出席第二次令狀實質審查。

二〇一八年四月五日：二度駁回安熙正的拘票

法院二度駁回安熙正的拘票，理由為有嫌疑與否，尚有議論空間。

二〇一八年四月十一日：安熙正不拘留起訴

檢察官以被監督者姦淫、職權性侵、強制性侵之嫌，對安熙正提出不拘留起訴。

二〇一八年四月十三日

法院將安熙正案件由單獨審理，改為由專門負責性暴力案件的審判刑事協議十二部「裁定協議決定」。

二〇一八年四月二十日

法院再次把安熙正的案件從刑事協議十二部配給刑事協議十一部。據說是因為刑事協議十二部的部長法官以與安熙正有間接「關係」為由，拒絕審判。

#迫害開始組織化

參加MeToo後，我對人事物產生極端的防備心，身處日復一日的緊張中，連呼吸都有困難。上《新聞室》受訪後不到兩天，八卦就開始滿天飛，彷彿有什麼組織在行動，假消息迅速被捏造、散播，到了無法抵擋的程度。

每當有人在擁有數千名會員的安熙正支持討論區或Youtube上傳假消息，它就會變成鐵一般的事實，瞬間傳送到數萬人面前，其中還包括對我家人的毀謗。八卦和惡意留言無止境地增加，看到情報的一些記者開始圍堵在家人的家門口，讓他們無法出門。我不能再悶不吭聲，寫下親筆信呼籲媒體，但情勢絲毫不見好轉。

以下是手寫信全文：

大家好，我是金智恩。

首先要向眾多關心渺小的我、為我加油打氣的人致謝，這份恩情我沒齒難忘。前天我冷靜地接受了檢方調查，證詞毫無虛假。自從上節目後，我就夜不成眠，也依然感到痛苦，但有些話不得不說，於是再次鼓起勇氣寫這封信。

請各位協助我，別再讓惡意的謊言散播出去。我是一個平凡人，包括我在內的家人都不隸屬任何特定勢力，只有見我身陷困難，願意將自身生活拋諸腦後、幫助我的律師團，以及幾位社運人士。

我帶著「願能打造更美好的世界」的信念，追隨了領導者的政治理念，帶著改變世界的信念加入團隊，認真工作，如今那些卻成了亟欲刨去的記憶。

我想遺忘卻無法言明的痛苦，在二月底再次甦醒。眼看這一切似乎會延續下去，也為了防止下一位受害者出現，我必須將事件公諸於世。在龐大的權力面前，能保護我的唯一辦法，就只有站到大眾面前。我再也無法過正常生活，只能屏息度日。我害怕會遭到報復而有生命危險，也暴露在不分是非的網路攻擊中。關於我的虛假謠言，我全都聽見了，也完全能預測是誰捏造的，因為我比誰都明白他們是什麼樣的人。

雖然早有心理準備，但實在太痛苦了。關於我的虛假謠言，終究會透過調查而水落石出，因此我並不害怕。但想請求各位，不要捏造關於我家人的假消息，也不要任意散播。我懇切地請求大家，光是在媒體曝光的新聞就已經難以消化，我對家人只有滿滿歉意。

非常感謝在各種壓力與威脅中，仍有許多人願意與我並肩作戰。我將毫不動搖地走到最後。懇請各位幫忙，也謝謝各位閱讀這封長信。

二〇一八年三月十一日
金智恩筆

我完全能猜想到是誰捏造假消息，又是誰散播出去。大選期間，競選團隊如何製造輿論，一路走來全看在眼裡。雖然早有心理準備，但親自站在風頭之上，卻比想像中辛苦多了。

經過七個多月，二〇一八年十月，被告發的二十三名關鍵二度加害者被移送檢察署偵辦，其中包括現任國會議員幕僚、安熙正臉書粉專管理者及安熙正競選團隊的前任網路負責人。某家媒體更揭發其有使用巨集程式（Macro Program），在短時間內貼上相同留言的情況。

#《新聞室》節目後的當天凌晨

透過節目揭發MeToo當晚，身為安熙正團隊一員、也是我過去同事的具滋俊接到安熙正大兒子來電。稍後，安熙正的夫人閔珠瑗接過電話，表示為了「彙整」我的相關資料，要求他「整理我的過往戀愛史與平日行徑後寄給她」。安熙正身邊的人從節目播出那天就開始準備說詞，把我塑造成有問題的奇怪女人。

後來，因為具滋俊不願成為捏造說詞的幫兇，他被組織踢除，並被冠上叛徒的罪名。包括具滋俊在內被組織踢除的多名青年，反倒揭發了自己遭受團隊壓榨熱情與背叛的事實。在此引用部分內文[9]：

9 出處：推特帳號「與金志恩同行之人」(twitter.com/withyoujieun)。

二〇一八年三月五日晚間，金智恩小姐參與MeToo後，三月六日接近凌晨時，我接到安熙正大兒子的來電。他表示自己正在「彙整」有關金智恩小姐的資料，要求我幫忙。當時我並不瞭解「彙整」是什麼意思，通話時間是深夜零時四十四分左右。

安熙正的太太閔珠瑗隨即接過電話，談了十五分鐘。後來我才知道，安熙正的親信利用擴音功能聚在一起聽通話內容。安熙正當時並不在場，而是獨自在別處承認自身罪狀，在臉書發表了認錯的文章。安熙正發表臉書道歉啟事的時間是三月六日零時四十九分，在閔珠瑗與其親信一行人正忙著制定脫身戰略時，安熙正做了良心告白：「祕書室主張這段關係是雙方協議下發生的立場並非屬實，這一切都是我的錯。」

後來我才知道「彙整」的意思。原本與我要好的S和K都參與了這項彙整工作，這兩人在國會的資歷分別只有議員助理和實習生，卻一下子晉升為五級祕書官。倘若我也參與這項工作，又能獲得什麼職位呢？

當時通話內容有不尋常之處，其中有像是早就準備好的說詞。

首先，閔珠瑗不由分說地就表示「金智恩這人本來就很奇怪」，說她凌晨四點進入屋內，一邊在地板上塗鴉，一邊搔首弄姿等聽起來像是在誘導我開口，或請求幫忙的說詞。但倘若真如她所言，平時就認定金智恩是怪人，為什麼放任這種人和自己的家人密切往來呢？

第二，她提及「過往戀愛史」和「平日行徑」等字眼。若是平時閒聊，可能會以「她平時是什麼樣的人，以前和誰交往過」的方式談論，但當時的語氣是直截了當地命令「把過去的戀愛史和平日行徑整理後寄給我」。我到現在還記得那語氣，即便是演講或對話時，她都不是會如此講究用字的人，也因此聽起來格外生硬，更令人印象深刻。

第三，她率先提起，假如我幫忙整理金智恩小姐過去的戀愛史和平日行徑，「這件事會對金智恩小姐不利」，因此她絕對不會洩露是我說的。倘若這起事件真的是不倫，錯誤的責任應在於金智恩小姐身上，那麼無論我和金智恩小姐的關係親近與否，我幫助閔珠瑗的行為就等於揭開真相，是應當受到讚揚的事，她卻要我隱瞞，未免太奇怪了。

當時我在電話中表示自己能理解他們的心情，他們肯定是想抓住最後一根稻草，才向我提出這種請求。我一再向安熙正的大兒子安正均表示「很抱歉沒幫上忙」，也是出於感同身受。

但是，再怎麼樣也不能用謊言埋葬一個人。最近我看到閔珠瑗臉書的貼文，忍不住想，怎能把受害者證明自己受害的證據加以扭曲變造呢？我真的很震驚。

請大家停止謊言。

為了生存，受害者選擇將事實公諸於世，阻止可能發生在另一個人身上的惡行。直到此刻，在組織中的第三名受害者依然無法逃離魔掌。

過去一年，金智恩小姐活在痛苦中。她獲得了什麼？假如真如閔珠瑗所說，她能獲得什麼好處，或是如世人宣稱的有什麼靠山，也許就不會這麼痛苦了。受害者正逐漸步向死亡，倘若真如那些人所說，一切都是造假，那該有多好。

反倒是安熙正無罪才有利益可圖的人，才是打著安熙正名號各占一席之地的人。

我寫這篇文章不是為了批判閔珠瑗，而是出自盼望她能守護自己尊嚴的迫切心情才提出建言。閔珠瑗身邊的偽善者，正打著閔珠瑗的名號占盡便宜。去問問他們吧，他們在隱藏些什麼。

請務必停下來，別被偽善者欺騙了。

第二章

勞動者，金智恩

#我，金智恩

我聽到陌生人談論我的種種。雖然我是一個奮力掙扎，以求能平凡長大、平凡生活的非正職勞工，但參加MeToo後，人們開始在我身上貼數不清的標籤。我毫不知情、難以想像的故事憑空冒出，我以為這些虛假會隨著時間自然消失，謊言的生命力卻比我想得更頑強。

我是長女，一出生就在醫院住了很久，期間還感染了肺炎。使我的體型一直比同儕嬌小，身體孱弱。童年的我很愛哭，還有愛哭鬼的稱號，而且討厭聽鬼故事。我曾是柔弱又膽小的孩子。

讀幼兒園時，只要老師大聲唱名：「金智恩！」我總是很害怕要大聲喊「有！」如果老師輕聲細語，我就能正常對話，但大聲呼喊、大聲回答這件事令我充滿壓力。每次我都會哭出來，因為太常哭了，導致我有很多和保健室老師相處的時間。

我從小就喜歡書，靜靜坐在圖書館地板上閱讀的時光最為幸福。當圖書館進新書時，我就會一個箭步衝去，當第一個讀那本書的人。我盼望著能在書後的借閱卡留下自己閱讀的痕跡，讀了一本又一本。只要是與故事有關的，像話劇或電影，我都很喜歡。在一根針掉落時都能聽見聲響的靜謐之中，我靠著攝取故事的養分長大。

很自然的，開一家小書店成了我的夢想，經營一個結合書、展覽與咖啡的空間，讓人們的故事在小小的空間來去。儘管現今獨立書店如雨後春筍般出現，但在當時並不常見。我希望我的店是能孕育想像力，能傾聽他人願望的魔法空間。我的夢想，就是每天在那種地方和人們嘰嘰喳喳地聊個不停。

兒時家境算是小康，後來開始家道中落。父親生病倒下，母親必須照料父親，身為長女的我成了一家之主。無論物質富足與否，想經營一個幸福空間的夢想瞬間化為烏有，被扔在現實面前。

我在大學時主修文學，卻無發揮所學、從事相關工作。現實存在於與夢想截然不同的領域。我以社會新鮮人之姿進入政府機關任職，剛開始只是短期的行政實習生，領取只夠呼吸的月薪。只要花費超過基本生活水準，戶頭就會變成負數。

儘管如此，這對我來說仍是天大的幸運，因為之前短暫任職的地方，薪水連法定基本工資的三分之一都不到。不但平日、週末都在加班，連前輩的工作都要包辦，忙得喘不過氣。職場前輩都說，唯有撐過這艱辛的過程，才能成為正職，但也沒有任何保證，有人一年就成為正職，有人花了三年仍無法晉升。我的第一份工作，再怎麼說也必須保障最低生活水準，政府機關的薪水雖微薄，卻給了我希望。

我在那裡見識了約聘僱職的世界。當時我工作的地方，約聘僱職都是在契約到期後，和其他組再次簽約來延長工作。正常來說，原本應該變成無期契約職或正職，他們卻不斷以非正職員工僱用，等於變相追求組織利益。由於僱傭狀態不穩定，想要延長工作，正職前輩的評價就變得很重要，延長與解約的員工間也經常發生爭執。職場就像一座人人為了生存而爭鬥的叢林，我總是苦惱不安，連比我更努力的前輩都這麼辛苦了，只是菜鳥的我，該怎麼做才能保住工作？

約聘僱職也分好幾個階級：派遣職、期間制勞工、無期契約職（公務職）、一般契約職、專門契約職、時間制契約職到別定職[10]，地位有天壤之別。即便是契約職員工間，階級制度亦如屹立不搖的金字塔。這與逢年過節時，公司贈送正職員工昂貴的火腿禮盒，卻只給契約職員工沙拉油是截然不同的問題層次，其中存在非常嚴密的組織體系，根據階級與契約狀態，被分成了無數等級。

在這種結構下，得以延長契約存活下來的前輩和正職員工，他們給的共同建言都是「進修」。他們說，唯有取得專業學歷才能更穩定。於是我去貸款讀了研究所。結束一天工作後，立刻到學校念書，靠著藝術學碩士學位，得以稍微延長生存期限，靠著行政學博士課程也稍微提高了職階。與其說是為了習得知識，不如說是為了讓契約職生活能更穩定，才如此打拚。

從為期十個月的短期行政實習生開始，我做過期間制勞工、研究職，最後成了契約職公務員。為了存活，可以說我的眼中只有工作。就這樣撐了六年，也好不容易畢業了。我身背債務，還必須撫養抱病的家人，可說是實質的一家之主，也是工作必須被評價的非正職勞工。安熙正的律師卻說我是「高學歷菁英女性」，這不過是為了在職場存活、奮力掙扎的結果，和我同齡的許多人都過著類似的生活，各自奮鬥著。

10 為了執行輔佐業務或特定業務，在法令以外指定的公務員，職級體系與一般公務員相同。

#政治文盲

契約職公務員即將期滿之際，我必須帶著過去的資歷，準備再次簽約。類似流程已經歷好幾次，所以這個關卡相較之下輕鬆許多。就在這時，一位前輩問我要不要加入安熙正的團隊，收到這份邀請後，我開始思考。

平時我就希望能夠改變世界，想把劃分成無數身分、存在各種歧視的世界打造得稍微平等一些，但真碰上機會，卻不知道該怎麼做。政治是什麼？我不懂一知半解，也不怎麼感興趣。

收到前輩邀請後，我開始透過書籍和Youtube認識政治人物安熙正，也不禁想像，假如在這個團隊工作，是不是也能成為改變世界的推手？雖然我是「政治文盲」，仍想嘗試看看。我心想，既然合約也快結束了，不如就到安熙正的團隊做一陣子，再回頭簽契約職也可以。

我告訴同事自己可能會加入競選團隊，大家都很錯愕。

「妳要去哪裡？」

「去『安』那裡。」

「安哲秀？」

「不是，是安熙正。」

有人問：「那是誰？」也有人說：「喔，我知道是誰。」接著他們問：「他是怎樣的人？」

一時之間我也很難解釋。有人甚至問：「為什麼是安熙正？既然要去，應該去文在寅那啊。」言下之意是要就去替會選上的人工作，為什麼偏偏去輸家的陣營。我同樣答不上來。

「一旦蹚了政治圈的渾水，可能就回不來了。」

當時我不懂這句話的含意。直到踏入後，才知道政治圈存在著特定標籤和所謂的「資歷查核」（reference check），那是個無法回頭的地方。

我結束政府機關的工作，加入安熙正的競選團隊。志工中有許多休學後跑來的年輕人，也有辭職跑來的人，甚至是轟動一時的知名人士子女，大家都帶著不同目的，齊聚一堂。

我在團隊中負責曾在政府機關做過的宣傳工作。儘管如此，剛開始並沒有交付我任何特定工作，因為人手不足，而且連運用人力的體制都尚未建立。即便如此，我也不能雙手一攤無所事事。雖然沒人交待，但我每天一大早就到競選辦公室打掃，自己找事做。

懷抱改變世界的壯志加入團隊的朋友不少，大家都是基層人員，遇見宣傳或指揮部前輩的機會並不多，和他們交流著，我也自然地適應了團隊。與此同時，工作量與日俱增，小組開始有固定業務，代替組長參加晨間會議或協助他組業務的情況變多，很快的，我被交付的工作繁重到每天焦頭爛額。

後來，從制定全國宣傳造勢時程，乃至候選人的所有宣傳都落到了我頭上，因為上次選舉的負責人經常出錯。雖然事情已經多到手快斷了的程度，但我一聲也不敢吭，只能接下。在裡面待久了就會明白，團隊裡大部分人都只靠一張嘴，真正做事的人少之又少。我要扛的責任越來越重，即便生重病也不能耽誤工作。雖然我依舊對政治一知半解，卻瘋狂的工作，同事都稱我為「工作的奴隸」，但我只是想認真完成被賦予的任務。

我也發現競選團隊和政府部門有天壤之別。團隊不會單純用能力或學歷等條件來評價一個人，他們最重視名聲。「某某人說他怎樣」等資歷查核的狀況比比皆是，因此必須避免失去前輩信任，成為眼中釘。要是被列入黑名單，職涯就等於結束了。

組織非常封閉，在這裡不是乖乖做事就好，必須透過競爭贏過其他人，因此團隊決策是垂直進行，再微不足道的小事都絕不能外洩，我也在潛移默化中變得畏縮、僵化。

我目睹了各種違法行徑與旁門左道，忍不住想，難道所謂選舉就是這麼一回事嗎？我好像進入了可怕的世界，充滿不能說的祕密，經常被嚇得心臟都漏跳一拍。要是害怕觸法，說沒辦法這樣做，就會聽到這種回答：

「妳在說什麼？不想選舉了嗎？」

「不懂就乖乖的聽命行事就好！」

「選舉本來就是這樣，輸了一切就結束了，結果才重要。」

初選結束後，我依照安熙正團隊的安排到文在寅的團隊工作，同樣負責宣傳，選舉最終以民主黨的勝利畫下句點。後來，前輩邀我到忠南道廳工作的邀請，於是進入道廳任職。從這時開始，我被貼上了「安熙正派」的標籤。在文在寅團隊時，我也被歸類為「安熙正團隊」的人，備受冷落。在政治圈要撕掉出身的標籤，簡直和註銷戶籍一樣難，要重回政府部門也不容易。我從必須保持政治中立的公務員，變成了具有極大風險的人。

#打造總統的地方

安團隊的氣氛與我想的不同。在候選人面前，大家都很僵化。之前就聽前輩提醒無數次，候選人說話時不能頂撞，要觀察他的心情。進入政治圈，要是成為誰的眼中釘，往後在哪個領域都很難存活，前輩的推薦與施壓比履歷更具有絕對的影響力。為了存活，只能察言觀色和陪笑。

這裡宣稱要打造一個撥亂反正、保護弱者的世界，卻充斥著不公不義。在宣稱要改變世界的大義面前，其餘一切都被視為小事，偶而鼓起勇氣提及組織的問題，別人卻只會要你忍耐。

有些前輩說：「你們是來打造總統的，政治圈本來就是這樣。」他們默許暴力行為，根本也是加害者。去KTV時會要女性後輩坐在身旁斟酒，要求唱歌助興；甚至會揮拳打女性後輩的頭或呼巴掌，也會摸她們的臉頰或將其摟入懷中，逼她們在酒席上待到凌晨，不准回家。當時發生的種種太令我震驚與煎熬，我忍不住向某位前輩訴苦，但只得到這樣的回答：「我又能對那位大哥說什麼呢？不過我代他道歉，自己小心點吧。」這些事在團隊中經常發生，時間久了，我也逐漸變得麻木。

「就只能忍耐了。本來就是這樣，就算男人做錯事，也只有女人會被貼上狐狸精的標籤，打壞名聲。」

「資歷查核會傳出去，說話要小心，別對任何人說。」

在彼此的嚴密監視，以及「打造總統」這個崇高大義的名分之下，組織的問題沒有外流，事實均被隱藏在水面下。

#首位女性隨行祕書

二〇一七年七月，我以別定職公務員身分進入道廳，因為僱用得很匆促，我還來不及收拾行囊，就先南下到了忠南洪城。前任隨行祕書是從司機祕書開始做起，在知事身旁服務近八年，一週前才被通知離開。前任祕書有妻子和兩個子女要撫養，卻沒有任何維持生計的備案。我深刻體悟到別定職公務員的任命權限，完全掌握在機關主管的道知事手中，展開新工作。

通常隨行祕書的業務需要花兩個月交接，我卻只用了五天，聘用程序也很緊迫的完成。祕書室要求洪城醫院讓我匆忙接受身體檢查，聘用文件也是一準備好就趕緊提交。我還收到指示，找到住處前要先寄住在其他員工的套房內。一切都必須在道知事要求的時間內迅速完成。

這是道廳首次有女性隨行祕書，眾人的憂慮和反彈很強烈。道廳的高階主管隨即召開緊急會議。當時有一位高層主管認為我沒辦法做很久。第一天上班，對方就在眾人面前說：「妳是女人，沒辦法做這工作，當隨行祕書對女人來說太難了。」並當著我的面取下我書桌上的名牌。

初次收到道廳挖角，我接到的訊息是去宣傳組，剛開始我也不願意當隨行祕書。但既然來了，我打算全力以赴。然而我甚至還沒開始工作，就認定我是女人，工作會產生限制。高層主管的冷言冷語，給了我一堂震撼教育。

多數人認為這項工作辛苦，需要協調能力，必須由男人擔任。就過往的傳統，隨行祕書向來是由長期投身組織的菁英公務員，或政務組中備受肯定的傑出親信擔任。而誰會出線，最終判斷仍在知事身上。安熙正當時也收到幾位推薦人選，卻打破慣例，拔擢我為隨行祕書。

初來乍到，加上交接時間有限，適應新職位的過程困難重重。我必須協調部門業務，傳達知事的指示，但面對女性、而且還是個新人，大家都不願好好聽從。在這種氣氛下，即便是犯一個小錯也讓我擔心，我開始產生「身為首位女性隨行祕書，必須做得更好」的壓力。

周遭人的言行，更化為一把把匕首插入我心中：「年輕小姐當祕書喔？」「隨行祕書是女人？」「要輔佐男主管，隨行祕書竟然是女人？哇，一定會鬧緋聞。」他們一邊說，還發出嘖嘖聲。

我不想因為對女性的偏見而被驅逐，也想認真完成工作，我變得極度敏感，每天強打精神苦撐。擔任隨行祕書時，經常看到安熙正與其他女性有親密身體接觸的模樣。安熙正還會對我說，「智恩啊，隨行祕書就算看見什麼，也等於沒看見。」在近處目睹這些景象，令我感到混亂又羞恥，但在工作場合，大家都把「我是女人」這點視為問題，我也只能當個認真做事的員工，依照他人的教誨別過頭，閉上嘴。

但就算我再怎麼努力抹去「女性」的標籤，對他們來說我依然是女人。連親近的同事J也會戲弄我：「眼妝就該畫得像今天一樣」、「搬到我隔壁吧，我每天送妳上下班」、「妳沒找到房子嗎？我家還有空房」、「來我家打掃吧」、「去俄羅斯出差時，幫我帶個豐滿的俄羅斯女人回來吧」……言語性騷擾層出不窮，甚至還做出輕撫我的手臂、肩膀和背部等行為。

當我鼓起勇氣要他道歉時，他卻辯稱：「我把妳當成妹妹才這樣。」更發怒：「要是讓妳不高興，那抱歉了。從小我十歲的妳口中聽到這種話，我的後腦杓都疼到忍不住要喝悶酒了。」

我把這件事告訴職場前輩，對方卻說：「妳太敏感了，忍忍吧，人家不是道歉了嗎？除了妳，隨行祕書還有很多人想當，如果老是有問題，被炒魷魚的會是妳。」那位前輩位高權重，明明能解決這種問題，卻視而不見。

我向組織內的其他前輩提起時，反應也差不多。不是說「我知道妳很辛苦，但在這裡就是無可奈何，撐不下去就得走人」、「如果不是帶著你死我活的覺悟，最好別說出來，忍就對了」。

在這裡，我必須拋棄自我，其他前輩也是這樣。前輩說我的職位是最幸福的，「妳要把當知事的隨行祕書當成一種榮幸。」他還說，隨行祕書就應該承擔這些。我們是以「打造安熙正總統」為目標，就算蒙受損失，也不能輕率地說某人壞話，因為會這樣也是我的為人處事造成的。

在這種情況下，後來發現組織中最高掌權者安熙正的表裡不一，就更不能說了，我的工作內容反倒是要將我的主管包裝得滴水不漏。我擔心自己的指責會經由這些人傳入安熙正耳中，只能挑好話說，甚至有時過度地稱頌他。在當時，那就是我的工作。

在這段時期，我每晚啟動洗衣機的同時，我那逐漸汙穢的靈魂也彷彿跟著攪動。第一次遭安熙正性侵後，我被無助感包圍，被囚禁在仰望權勢的人群中，無處吐露。

#不可破壞他的心情，是祕書最重要的任務

過去我主要從事宣傳工作，偶爾雖也負責一些研究，但也幾乎與宣傳相關，隨行祕書的工作是初次接觸。

二〇一七年六月二十七日，我正在準備競選團隊宣傳組的工作坊，當時道廳祕書官告知：「南下參加工作坊時也會進行交接，記得帶點衣服過來。」在工作坊結束翌日就正式交接了。儘管花一整天專注的交接也不夠，但負責交接的人仍在擔任安熙正的隨行祕書，也沒有代理人，因此我只能在空閒時學一些皮毛。

一開始交接的內容，是皮鞋要擺在什麼位置、擺成幾度角，知事才方便穿鞋。前任祕書表示，從知事走出公館[11]到回來為止的所有事情，都當成隨行祕書的業務就行了。工作始於知事的皮鞋，從知事穿上皮鞋的那一刻起，所有行程也跟著開始。隨行祕書必須提前打電話叫醒知事，準備行程、提手提包出來、替知事開門。知事結束行程後，將行李放進公館、關上門為止，隨行工作才算

結束。接著，為了使隔天行程順利，祕書必須熟習接下來的行程，掌握一切動線，聯繫必要人士。比知事早兩小時上班，晚一小時下班，是隨行祕書的固定模式。

此外，連非常瑣碎的事項都必須接受教育。

「不要發呆，絕對不能讓知事等妳；要事前確認是不是有格調的場合，知事討厭不符身分地位的場合；參加活動時，要在座位上守到最後；需要保密的餐會，就用隨行祕書的個人信用卡結帳；桑拿、美容、按摩等知事個人私事與費用，都由隨行祕書掏腰包；知事家人的花費，也由隨行祕書負擔；要隨身攜帶充裕的現金，去辦一張額度五百萬元的信用卡；要掌握知事的口味，就連非常細微的飲食喜好都要牢記；知事記不住別人的姓名和長相，隨行祕書必須擔任輔助記憶，在旁告知對方的身分；各種申請書都由隨行祕書填寫、備齊；要背下經濟用語，不可以聽不懂；搭KTX時，隨行祕書前方的桌板必須放下，放置知事的咖啡和手提包；美式咖啡要加一顆方糖，若是糖漿則按壓兩次；要是知事要求去買麵包，就買牛角麵包或熱的原味貝果，同時準備奶油乳酪和刀子，一併呈上；偶爾知事想吃點甜食，就去買古早味的麻花捲甜甜圈；過去知事只喝咖啡牛奶，但最近主要喝鮮奶，記得要拿吸管；知事會經常要妳去跑腿；要懷抱逗笑兵長的二等兵心態；正式行程外的時

11 政府高層人員辦公、住宿的宅邸。

間，企業、朋友、女人話題都要三緘其口，尤其是與女人有關的，要從交接單和備忘錄刪除，連這個字眼都不要提及，在任何場合都不要用，就算看到、聽到或知道什麼，也要保密、保持緘默。這點至關重要，所以我要再次強調……最後，最重要的是『知事的心情』。妳在這裡打兩個星號，所有事項，都是為了迎合知事的心情。」

安熙正是全方位的主管，萬萬不可破壞他的心情，這是祕書最重要的任務。心情很重要，這句話無疑是無形權力的最重要核心。道知事擁有聘用別定職與免職的絕對權限，開除某人時，知事只要說一句「他惹我不高興」就行了。

就算知事什麼也不說，也必須知道他的心情。光憑眼神或呼吸，就能充分表現出他心情不好。安熙正是個用沉默就能行使權力之人，也身處單憑沉默就能表達不快情緒的地位。要是簡訊回覆晚了，馬上就會收到「……」的訊息，「……」是他經常對前任祕書使用，帶有無言斥責的不快表現。

#隨行祕書的二十四小時

前任祕書告訴我，隨行祕書就是以保安、緘默、保密為原則輔佐知事，成為知事的最後一面盾牌。交接時，知事讓我出席所有行程，並說：「妳不能有話直說，當所有人說NO時，妳必須說YES。妳只要當我的輔助記憶裝置就行了。妳是映照我的一面鏡子，是我的影子。看我的眼睛，我會用雙眼說話，妳必須守護我。」他像在洗腦似的反覆說這些，打電話給我或做任何事時，也時時強調要保密。

知事的電話全都會先轉接到隨行祕書手上，個人想通電話時，才會親自解除轉接功能。半夜的來電與訊息，都由隨行祕書負責，就像二十四小時都在工作。無論晚上或凌晨，睡到一半仍要起來接聽政治人物的電話，表示「知事現在無法通話」取得對方諒解，寫好備忘，再分早、中、晚三個時段，一字不漏地向知事報告。這種工作做久了，睡不好覺很正常，而且必須時時維持緊繃狀態。

下班後也要隨傳隨到。除了公務，私下的指示也不少，從某刻開始就演變成了公私不分。只要是知事的指示，無論是什麼都必須搞定。與知事家人相關的業務也不分平假日，隨時會接到。

知事休假時要和兒子去搭遊艇或與家人出遊時的住宿、餐廳、體驗活動，我都必須事先打聽、預約；知事的親朋好友或熟人的住處也必須幫忙打聽；當夫人或知事在聚會中飲酒以致無法開車時，我要大半夜跑去當代駕；菸酒等知事個人喜愛的物品，也由隨行祕書代買，再帶到知事的下榻處或辦公室給他。

MeToo後，我無數次聽到別人問：「為什麼去知事的房間多達四次？」但那幾天不過是私下被叫去跑腿的數百個日子中的冰山一角。深夜、凌晨、下班後，甚至休假，當香菸抽完或打火機用完了，知事會為我沒有事先準備而斥責我。香菸是以祕書室的公費大量購買，在外面時，則由我另外購買提供。啤酒、咖啡、杯麵、雞蛋、牛奶、麵包、果醬、奶油、麥片、泡菜、貼身衣物、刮鬍刀、牙膏、牙刷、手機殼、行動電源、充電器等，他會要我帶去或買好送去公館、外部下榻處或麻浦的住商公寓，不分晝夜，隨時吩咐；當熟人說自己要醃泡菜，但因碰上乾旱或洪水肆虐，很難買到辣椒粉時，他會要求我購買十斤品質好的辣椒粉寄去；當安熙正的夫人說想吃麵包，即便是用餐時間，就算知名麵包店很遠，我會因此吃不上飯，也必須去買回來。

而且，這些費用都由隨行祕書自掏腰包，無法向任何人請款。雖然很難接受，但也有口難言。我這才明白，當初交接時，前輩為何要我把個人信用卡的額度調到最高。

從安熙正夫妻的保險合約，到保險擔保貸款、中途解約費用等，我都必須處理。為了代替他們處理需要當事人親自通話或臨櫃辦理的事務，我甚至曾向保險公司的員工求情。

政治人物安熙正的外界形象，和我透過工作實際接觸的狀況互相牴觸。他活在存在身分與階級的世界，而以我的地位，無法期待能獲得最基本的人權、勞動權，甚至尊重。

我最多曾一週工作一百四十個小時，一週一百三十幾個小時則是常態。除了基本工時（平日上午九點到下午六點），每月超時工作八十小時以上，甚至曾超過一百小時。事前準備都要提前兩小時，一般來說，一天的行程結束約為晚上十點。除了忠南地區，知事也有很多首爾或其他地區行程，所以當首爾的活動在十點左右結束時，抵達公館是十二點，而我回到家則已經凌晨一點了。下班後，我必須研究隔天的行程，再次確認動線，徹夜未眠的情況時常發生。才開始工作不久，我就被緊湊的行程和繁重的工作纏身，最後發了高燒，但就連週末也被行程塞滿，根本無法請病假去看醫生，健康狀況持續惡化。

如今回首，這時期的我儼然是個不孝女。就算和家人在一起，也二十四小時都在工作。父母動重大手術時無法到場；中秋節才難得有機會回家一趟，但就連那時候，我都不記得自己有好好看看家人的臉。隨時都在接收安熙正的指示、接轉接的電話。當時家人說，我好像哪裡不太一樣了，對話時心不在焉，情緒暴躁，表情凝重，整個人散發沉重的氣息。雖然很擔心我，但認為可能政治圈的工作就是這麼辛苦，因此沒有過問。

二〇一七年十月末的休假，我邀請家人來忠南附近。與其說是家族旅行，其實也不過是一起吃頓晚餐，在當地過一夜就回家。難得大家能齊聚一堂，家人都很期待我結束工作後跟他們碰頭。我和家人一起享用晚餐，由於隔天馬上就有隨行日程，所以我用手洗了身上穿的襯衫和絲襪後晾好。我擔心衣服來不及晾乾，甚至先用吹風機吹乾到一定程度。

當晚接近十二點，安熙正又打電話來了。

「媽，知事找我，我必須現在趕過去一趟，對不起。」

媽媽露出失望的表情：「都這麼晚了，有什麼事？也太突然了。」

在失望背後是媽媽的擔憂，我必須讓媽媽安心。「別擔心，沒事啦，工作都是這樣，結束後我再跟妳聯絡，在這多休息一會再走。對不起，沒辦法陪你們。」

我將尚未晾乾的襯衫使勁甩了甩後穿上，盡量讓自己儀容整齊，快速前往知事指定的地點。在移動時也得回覆不斷催促的訊息，一直沒機會詢問，去了後要做什麼。

原來我的任務是為飲酒後的安熙正夫妻代駕，原本行程是兩天一夜，但他們臨時改變主意，想趕快回家。駕駛祕書和我同時被叫到現場，安熙正夫妻搭乘駕駛祕書開的慣用車先行離開，我則負責駕駛夫人留下來的車子。超過晚上十二點的深夜，我邊發抖、邊獨自行駛在鄉下陌生的道路，因為不熟悉車輛，熄火了三次，還差點發生意外。好不容易抵達公館停好車，我才拖著沉重的步伐回家。

同年十一月初的週末，我休假回父母家。才和家人坐在飯桌前，拿起餐具，電話響起，地方團體長官的隨行祕書傳達了住在忠清道的慰安婦奶奶過世的消息。辦公室也接到了，隨行祕書紛紛即時與相關機關的隨行祕書分享情報，互相協助。隨行祕書的痛苦只有彼此知道。

這時安熙正在打高爾夫球，距離前往葬禮會場還有充裕的時間。但道知事必須扮演何種角色、該準備什麼，都必須由隨行祕書事先掌握，所以我必須盡快趕回道廳。飯才盛了一半，我便連忙查詢巴士時刻表，由於沒車可搭，媽媽急忙開車送我到道廳。按照平時媽媽的駕駛實力，要開那條路的難度很高，一路上我忐忑不安，下車後，媽媽再次獨自開著那輛車回家了。

道知事隨行祕書工作手冊

以下為《道知事隨行祕書工作手冊》的部分內容，二〇一六年一月二十五日，由忠南道廳祕書室製作。

同時彙報幕僚組的意見	提供各種具體資訊	監控不必要的資訊	熟知近期統計資料	事前必讀演說資料、確認錯字	演說時確認數值、用詞等	嚴守祕密（口、眼、耳）	隨時確認健康狀況	制定與確認細部動線
瑣事自行處理	將選擇最小化	確保獨處時間	更新最新職位相關名單	事實	更新最新聯絡人資料	監控危險因素、安排職員	保護	成為肉身盾牌
保持車內肅靜	時時整理周遭事物	行程單純化	研究相關歷史	隨時確認變動行程	無止境的好奇心	確保車輛有充裕移動時間	隨時確認選舉法相關條例	時時錄下記者問答
掌握動向	隨時和各方職員對話	細讀三種報紙、報告書	將選擇最小化	事實	保護	使用文章、照片的歷史紀錄	記住日常相關特殊事項	追蹤、管理指示事項
隨時確認速報事項	天線	定期確認網路媒體動向	天線	輔佐民主主義指導者	外接硬碟	確認更新人際資料庫	外接硬碟	紀錄並改進指責事項
掌握政務組和人事動向	隨時確認婚喪喜慶	熟知民調詳細數字	忠誠	扮黑臉	個人管理	記下需記住的事實	善用備忘錄、照片標籤作分類保管	持有情報徹底保密
榮耀屬於領導者，稱讚屬於同事，責任屬於我	時時與領導者站同一陣線	受他人毀謗時積極防禦	比起關係，先從事情進行方向著手	確保領導者的判斷有緩衝空間	隨時確認指示的執行情況	避免生病	推掉個人約會	休息時間以家庭為重
成為好使喚的部下	忠誠	對主要政績朗朗上口	督促偷懶的同仁	扮黑臉	嚴守計畫相關時程	謙遜、忍耐、犧牲	個人管理	儀容端莊
好處先給領導者	思考如何改善領導者的缺點	帶著真心給予忠言	發生問題時要求積極改正	主人意識	判斷均以領導者為前提	飲酒適量	基本外語能力	整理書桌

隨行時攜帶目錄

地點	目錄
攜帶物品	手機、行程表、名片、手冊、筆、菸、打火機、1號車緊急鑰匙、現金、手帕、隨行祕書名片、錄音機
皮包備用品	行程參考資料、憲法、道廳主要統計資料、菸、打火機、每月行程表、工作手冊（各機關電話）、簽字筆、筆（各色）、行動電源、最新主管現況、道議會組織圖、出入記者最新名單、政策特報現況、各委員會現況、現金、公務員證、政府廳舍出入證、一盒名片、濕紙巾、乳液、防晒乳、梳子、電腦、信封（婚喪用、勉勵用、白色信封袋）
車上備用品	職員通訊錄、國會手冊、菸、打火機、梳子、礦泉水、維他命、登山鞋、口香糖、手機充電器、防晒乳、名片（包含英、中、日3種語言）、濕紙巾、領帶（黑色、亮色）、頸枕、抽取式面紙（不會有灰塵的款式）、糖果、花生牛奶糖、信封（婚喪用、勉勵用、白色信封袋）、太陽眼鏡、菸灰缸、垃圾桶

隨行祕書穿著打扮

狀況	守則
共同	維持服裝整潔。
正式	●暗色系套裝及皮鞋。 ●除了道 CI 徽章，避免穿戴任何飾品。
非正式	●適合該場合和地點的服裝（登山、運動、休閒、宴會服等）。 ●穿著和與會者融合的服裝，避免和周遭產生違和感。

電話應對守則

狀況	守則
共同	●電話要 24 小時攜帶及待命（盥洗、沐浴時也必須裝入透明塑膠袋，時時攜帶）。 ●知事的來電和訊息要另外設定鈴聲。 ●電話號碼隨時更新並做雲端備份。 ●關係親近、高位者外的一般來電，先確認意圖，了解內容後，再向知事報告。 ●對方詢問知事個人電話時，一律鄭重回答：「知事沒有個人電話，只有使用這支電話。」（若必須告知對方時，則提供 010 — xxxx — xxxx 這個號碼。）
致電	●一般致電：「您好，我是安熙正知事的祕書 OOO。知事想與您通話，不知道方不方便呢？」 ●致電幕僚：（確認可通話後立即）「我替您轉接知事。」 ●特別致電：確認有電話訊號後，轉達知事（對方比知事的職位高或關係親近的情況）。 ●致電副知事：與對方隨行祕書通話時，立即向知事傳達。
來電	●一般來電：「您好，我是安熙正知事的隨行祕書。目前知事正在開會，冒昧請問是為了哪件事想通話呢？」 ●特別來電：「我是知事的隨行祕書，代替他接聽電話。知事目前正在開會，稍後我會將備忘錄傳達給知事。」（若是與知事關係親近者或高位者，則以隨行手機打給知事會親自接通的電話。） ●記者來電：（確認對方為記者時，立即錄音）「要立刻與知事通話似乎有困難。和相關負責人通話，應該有助於您獲取準確情報，我會用訊息把負責人的號碼傳給您，謝謝。」

日常隨行

地點	守則
公館	●比出發時間早 20 分鐘抵達公館（用訊息告知知事出發時間）。 ●確認知事起床、用完早餐；在書房準備資料、確認皮鞋。 ●回公館 5 分鐘前先打電話及訊息告知。 ●抵達官邸前，簡報隔天行程和準備事項。 ●確認明日出發時刻，向公館工作人員告知晨間鬧鈴時間。 ●下班後，判斷需不需要轉接來電，必要時將電話轉接至官邸。
車輛	●車輛出發時，簡報今日行程。 ●上呈參考資料，簡報知事需要熟知事項（在活動場合要做的事、主要參席者、地點為室內外等）。 ●移動時接到來電，若非重要電話，先以知事為主，之後再通話。 ●在車內以訊息聯繫，盡可能保持肅靜，不要妨礙知事思考。 ●事前掌握接待者，用訊息確認特殊事項。 ●抵達活動現場前 5 ～ 10 分鐘，傳訊息給接待者。 ●抵達前，若現場發生特殊事項，須事前報告（採訪、臨時變更等）。
活動場合	●抵達活動現場時間固定為整點（住家拜訪時則晚 5 分鐘）。 ●抵達活動現場後，確認知事座位，給予指引。 ●傳達致詞稿件後，盡可能聆聽致詞內容。 ●致詞內容若出現統計、用語等錯誤，確認後再報告。 ●確認活動現場內的洗手間、出入口，事前掌握最短動線。 ●當活動延誤，影響到下一個活動時，與相關人士進行協調。 ●因活動延誤，不方便用餐時，採取準備便當等適當措施。

地點	守則
辦公室	●抵達辦公室 5 分鐘前，傳訊息給祕書室職員。 ●一般內部活動由固定祕書官隨行。 ●知事在廳內時，與政務組、主要工作人員碰面後掌握動向。 ●填寫法人卡執行明細，提交收據。
指示事項	●記下指示事項，及時具體傳達給負責局長、組長。（指示情況、說話脈絡、具體實行指示皆一併說明） ●分享相關內容給祕書室長、祕書官，持續追蹤處理狀況。

其他隨行事項

狀況	守則
媒體	●電視臺：拍攝半小時前抵達，確保有充裕化妝和彩排時間。 ●公館電話訪談：訪談半小時前抵達公館和媒體相關人士通話確認後待機，再讓知事接聽電話（訊息組長陪同）。 ●媒體要求訪談時，臺詞盡可能精簡，鄭重地提議會替對方轉給媒體負責人，之後向負責人傳達。 ●與媒體對話時要全程錄音。
運動	●乒乓球：向宣傳協力官室主管〇〇〇通報，準備必要物品。 ●羽球：與羽球會長〇〇〇通話，確認運動與否。
信用卡	官方卡結帳：依據行政安全部業務促進費的執行規則使用，注意個別使用規定（另附業務促進費執行規則）。
選舉法	時時監控演說內容、提供餐點等（和自治科負責人確認）。
分享	●讚揚內容要廣為流傳，錯誤內容要和負責人分享正確事實。 ●錄音檔立即解壓縮後共享（根據時機點共享錄音檔案）。 ●使工作系統化，以便統籌管理，而非個人。
典禮	●隨時參考典禮禮遇標準（附件）。 ●參加中央政府活動時，替身為地方政府代表的知事做好準備。
喜好	●香菸、咖啡（美式咖啡，糖漿按一次半）、牛奶（首爾牛奶咖啡口味）。 ●點飲料時，最少點 2 杯（不要讓知事獨自喝，見機行事）。
其他	●知事的文件要時時銷毀。 ●固定讓知事每個月理髮一次。 ●確保定期運動行程。

首爾行程守則

狀況	守則
車輛（內浦）	●確認車票，告知首爾辦公室抵達時刻。 ●從道廳出發至天安牙山站時，在列車表定時刻 50 分鐘前出發。 ●從天安牙山站 1 樓進入，列車出發 5 分鐘前移動至月臺。
火車	●搭乘時，從列車前進方向的後方搭乘（從乘客視野的反方向進入）。 ●帶至座位後，將出發一事告知祕書室和首爾辦公室。 ●在列車內，若非緊急電話，撥打時需要慎重。 ●通話時在車廂外接聽，記下備忘後，移動至車廂內再報告並撥通電話。
車輛（首爾）	●在車內時以訊息聯繫，盡可能保持肅靜，不要妨礙知事思考。 ●移動時接到來電，若非重要電話，先以知事為主，之後再通話。
辦公室	在辦公室正前方的桌子待命。
行程	●預定行程結束後的南下車票，告知駕駛祕書時間。 ●當知事飲酒或很晚才結束行程時，駕駛首爾的車子。 ●其他同基本隨行內容。

海外行程守則

情況	守則
準備	●掌握出訪所需的公務護照和個人護照，提交負責單位。 ●負責單位事前報告海外行程時，需出席並熟知主要行程。 ●預約國外飯店時，要依照知事的喜好（避開嘈雜區域、少有韓國人出沒的地方、避免最頂級的房間、重視飯店的實際環境勝過知名連鎖飯店、要有陽臺、是否在施工等目前狀態）。 ●確認出訪行程負責人○○○也按照規定搭乘商務艙。 ●掌握巡訪國家的氣象（天氣、氣溫等），準備相關物品。 ●向負責單位索取出訪參考資料，一份給知事，一份由隨行祕書備份保管。 ●預防緊急狀況，攜帶知事的護照影本和 3 張護照用照片。 ●知事的個人背包和隨行祕書的背包，在出國當天或一天前交給海外出訪負責單位。
移動	●熟知機場接待計畫，出國 1 小時前抵達機場。 ●在機場員工指示下，利用仁川機場貴賓室與 VIP 出口出國。（距離飛機出發時間充裕時，辦理一般手續出國。） ●搭乘飛機、指引座位後，回到祕書的座位上。 ●在飛機上購買 1 瓶干邑（放在知事當地的下榻處）。 ●填寫入境卡與海關申報書等各種表格（包含知事的表格）。 ●抵達後，在大使館或領事館員工指引下辦理入境手續。
行程	●隨時攜帶小冊子，確認行程並隨時報告。 ●在負責單位協助下，取得國內媒體報導與動向報告資料，於每日早晨報告。 ●其他同基本隨行內容。

情況	守則
飯店	●飯店 Check in 後，帶知事到房間並交付行李。 ●知事的房間號碼只和出訪總負責主管和隨行祕書共享。 ●考慮下個行程，確認西裝、襯衫與皮鞋狀態，狀態不佳時更換。 ●根據出訪計畫，簡報晨間鬧鈴時間與隔天行程。 ●從飯店 Check out 時，檢查知事的房間，並在書桌上放 1 美金小費。
其他	●每天和祕書室長通話一次，報告是否有特殊事項。 ●出訪期間需特別留意，讓知事保持良好狀態。

祕書隨行時待命位置

	一般步行	指引步行
步行時（相同速度、危急狀況時可提供保護的位置、指引的中心位置）	 重點：隨行祕書站在與知事呈對角線的左方 1 步距離。若是初次走的路，在知事對角線右方 1 步距離處安排帶領者。	 重點：若步行時無帶領者，則隨行祕書站在知事對角線右方 1 步距離處帶路。
平時位置	避免擋住知事的視線。 待在知事可注意及容易找到的位置。	

#組織的真面目

儘管安熙正以支持性別平等的進步派領導者形象為人所知，但在我眼中，他比任何人都瞭解自己握有的權力、並享受其中，甚至說過：「以我的地位，連這種事都要做？」並在當天取消行程。他也曾在前一天取消一場國際活動討論會，理由是來賓和自己的格調不符。在他身邊沒有人能提出意見，包含我，所有人都是為了他的需求存在，無論那是什麼。

帶著想幫助民主主義者安熙正的政治抱負加入團隊的我，對這種背道而馳的情況感到痛苦。總統大選時，他發表了一場演說，主張要減少勞工的勞動時間，得到民眾的熱烈歡呼，但真正為他工作的人，勞動時間卻不見盡頭。但只要我向身邊的人訴苦，就會得到「祕書沒有固定的業務範圍，只要是知事的吩咐，就要使命必達。」

我完全沒時間照顧自己，不，就連想到自己的時間都沒有但我依然不斷告訴自己，還撐得住。我假裝自己沒事，工作時強顏歡笑。當我在活動現場沒能阻擋粉絲靠近知事，換來一頓臭罵時，隔天我就會更奮力阻止他們；陪知事探訪水災現場，官方行程十幾分鐘就結束了，接著知事就和平時有聯繫的女性開起酒席，我必須默不作聲地在一旁待命，看著喝醉的他和女性親密的景象。

我混亂且無助，高燒不斷，甚至在前往國外出差的飛機上吐個不停。第一次遭性侵的地點，就是在全程嘔吐不止下抵達的俄羅斯。他對我伸出狼爪後，性騷擾與非自願的猥褻漸趨頻繁。肆無忌憚的性暴力和緊接在後的道歉，更加深我的困惑。

身為一名被逼至極限的勞工，加上性犯罪受害者，我變得極度萎靡不振。最後我鼓起勇氣發出求救訊號，無論是直接或間接聽到我遭遇的人都陷入恐懼，他們要我在知事找我時避開，但給予那些建言的人心知肚明，我根本避不了。儘管如此，他們仍說：「妳要小心。」

生活與工作早已失去界線，在無法期待任何幫助的情況下，我彷彿被囚禁在一座孤島，逐漸被工作的洪流淹沒，雖想逃跑，卻完全沒有思考的時間和心力。隨行祕書任何工作都必須執行、嚴守祕密的鐵則勒緊了我，然而在日後的官司中，以勞工、以祕書身分認真工作的一切，卻都成了「我不像受害者」的主張根據。

後來我才得知，在我之前，有位在安熙正身旁工作的前輩也曾控訴過類似遭遇，受害方式和情況都相同。我曾短暫有過這種想法：假如那位前輩比我更早鼓起勇氣，我是不是就不會碰上這種事？但我深知那種恐懼感，所以很快就諒解了。安熙正的部分親信聚會時，多半會安排女性坐在安熙正左側。「知事眼中只有女人，知事身旁有女人，氣氛才會好」、「雖然也想成為知事的歡樂組[12]，但身為男人的我們辦不到，所以妳們要做到最好」，他們肆無忌憚地對女性幕僚這麼說，而這種飲酒文化也在組織內蔓延開來。有一名幕僚只要聚餐，就會要求曾是組織員工的女主播和年輕女副導參加、坐在他身旁。所有女性都為有他在的聚餐場合感到痛苦與羞恥，但他長年擔任安熙正的幕僚，沒有人敢制止。

安熙正的一些幕僚還將蹲過牢視為榮耀。安熙正接受大選資金調查後鋃鐺入獄[13]之事被偶像化，形容成為了大義的勳章，跟隨多年的幕僚經常將「為了主君，部下不惜一死」掛在嘴邊。在安熙正手下入過監的一位幕僚還獲得「聖骨[14]」的禮遇。比起法律和原則，這個地方把為組織犧牲看得更重要，非法與不正當的勾當橫行無阻，大家卻都閉上了眼。在那個地方，組織的大義和目的之外的一切，無論是人、人權或正義，都不過是能輕輕帶過的小事。

12 在北韓，熟習按摩、歌舞等，供朝鮮勞動黨高級官員取樂的女性組織。
13 安熙正在二〇〇二年擔任盧武鉉總統競選團隊之政務部長，二〇〇三年以從多家大企業收受大選資金嫌疑起訴，被判刑一年。
14 新羅時代實行「骨品制」階級制度，共分八等，「聖骨」為第一等。

#先爲下次的惡行道歉

「我太痛苦了，才對員工做出羞愧的行為，對不起。」

「總統之路太艱辛了，是我的位置太辛苦，而我太孤獨了。」

「抱歉對年紀輕輕的妳做了這種事，以後絕對不會再犯。」

「妳是隨行祕書，就諒解我一下吧。」

「妳是我的影子，拜託妳守護我到最後。」

「拜託妳保密。」安熙正每次性侵後就會立即道歉。他不斷洗腦我，彷彿隨行祕書連性需求都必須滿足他。

「這只是成大事的過程，重要的是結果。現在妳碰到的事情不構成任何問題。」這種話我也聽他說過很多次。

「妳是很出色的幕僚。我很信任，也很仰賴妳。」

「只要照我的吩咐去做就行了。」

「忘掉一切，堅強地工作吧。」

「只要記住俄羅斯和瑞士的美景就夠了。」他不斷將這些話掛在嘴邊，只為讓我不去把性暴力視為一種問題。

反覆道歉和接連不斷的高強度工作，讓我無暇思考其他。只要安熙正稍微看到我有些精神渙散，就會向我道歉，直到我看起來沒事為止。他用這種方式讓部屬遭到性侵後依然盲目服從，徹底封住我的嘴。

但性暴力和道歉仍舊一再上演。無論在辦公室或慣用車輛內，他會隨時碰觸、撫摸我的胸部或大腿等身體部位。在車內睡覺或休息時，他會要我坐在身旁替他按摩手掌。在深夜時分的偏僻場所、洗手間外、火車和餐廳內，他也會避開眾人視線對我進行猥褻。「不覺得旁邊那女人的腿很美嗎？」「女人都喜歡我。」「我有長那麼帥嗎？」種種性騷擾行徑變本加厲。起初我羞愧難抑，過了某個時間點後，開始麻痺無知覺。

假如能撐過今天，假如能夠忘掉夏天的性暴力，這點猥褻和性騷擾根本不算什麼，靠工作克服一切吧。我低聲覆誦著。

大家問我：「為什麼默不吭聲地被性侵多達四次？」

我倒是想問安熙正這個問題。

第一次性侵後，他不斷說，「忘了吧，以後我再也不會那樣了。」連同施暴的第二次性侵發生後，隔天他又說：「我太慚愧了，對不起，忘了吧。」再一次，他以最大的力氣壓制住表達拒絕的我，對我進行第三次性侵。他反覆說，只記住瑞士的美景吧，全忘了吧，忘了吧。

每一次，當我想要遺忘一切活下去時，他又會喚出我的記憶。「妳該不會要參加MeToo吧？」接著又發生第四次性侵。

我倒是想問他，「為什麼性侵我，還多達四次？」對我來說，每一次都像是第一次被性侵。

大家又問我了：「都碰到那種事了，怎麼還能只顧工作？」

我只剩下工作了。過去他人對我的傷害，在我人生中留下深刻的傷痕。曾經把「人」當成一切的我被奪走許多東西，離婚即是如此，而這件事更像是終結了我的人生。在從此毫無期待的人生中，我能仰賴、能竭盡全力的就只有工作，如果連它都拋下，我真的會生不如死。

安熙正的律師問我：「為什麼遭到性侵後，沒有第一時間告知警察廳或監察機關？為什麼沒有立即辭職？」

我很清楚這個世界是如何處理性暴力事件。令人惋惜的是，我就在一旁目睹了受害者有多無助、調查是以何種方式進行、如何決定處罰，以及處罰落在何種程度，所以我深知這一切不容易。

擔任安熙正的二十四小時隨行祕書，我隨時在替警方高層轉接電話給知事；我隨同知事與國家情報機關的首長見面，也在青瓦臺等待知事和總統用晚餐。我就在旁邊看著對知事來說等於家常便飯的對話與會晤，並經常再次深刻體認到握在他手中的權力。一旦我報警，接到通報的人會是安熙正人脈的部屬。就算在遭到性侵當下立即報警，我也不認為會進行調查。第三次受害發生在國外，我認為更沒有人會採信我的說詞。

加害者更握有人事權。我必須拿薪水償還學費、撫養家人。即便要找其他工作，也不能先辭職。在龐大的權力網內一旦被列為黑名單，可能就會找不到任何工作。因此我相信了安熙正每次性侵後的道歉，我必須相信。我很努力告訴自己，每次犯罪都是單一事件，每一次都會是最後一次。

然而就在他提及MeToo卻又第四次性侵後，我突然領悟到這不會是最後一次，而是另一個開始。他的道歉根本不具任何意義。那不是真摯的道歉，而是為了下次犯罪使出的手段，是為了利用我、捆住我的項圈。

但擔任隨行祕書必須和安熙正形影不離，我根本無暇思考其他，就像他持續在旁監視我。直到職務變更為政務祕書後，才總算覺得自己逃離了安熙正的魔掌。直到最後一次遭受性侵，前輩說願意幫助我，才終於趁隙從地獄逃了出來。

一切都在彰顯權力本身

「背組死！」

這是安熙正組織在聚餐場合上，高層幕僚經常掛在嘴上的乾杯敬詞——背叛組織就得死。雖然大家笑著說這句話，卻必須把它的含意刻在腦中，這就是互相洗腦的過程。無論任何理由，只要敢違抗組織命令或率先抽身，就會被視為叛徒。當組織出現不合群的人，就會被排除在重要情報之外，變成邊緣人。這讓每個人自成衛星，戒備著不要變成組織邊緣人，牢記「背組死」，對組織效忠。因此，組織內展開激烈的忠誠鬥爭。撐不住或無法倖存的人，甚至就此告別政治圈。生殺大權，就掌握在組織高層的少數幾個人手上。

離開組織的我成了眾矢之的。對於想將安熙正打造為總統，長期輔佐他的人而言，我就是「背組死」。我從把經營一個國家奉為「大義」的組織逃出來，加諸在我身上的刑罰就更形殘酷了。網路留言、周遭評價、動員熟人的各種報復紛紛出籠。惡意留言、法庭偽證、散布謠言，都只是冰山一角。

參加 MeToo 後，一切過程均突顯了權力本身。我原以為只要揭發真相，儘管過程會很辛苦，但一切都會回到原位，現實卻背道而馳。我的想法太單純了，我要對付的加害者不止一個，而是具有生命力的權力組織。體認到自己的天真後，我曾多次感到懊悔。安熙正三十幾歲就打造出總統[15]、連任道知事，又是有力總統候選人，和無數權貴關係良好，人脈猶如一張密實的網。在人脈等於權力的韓國社會，儘管安熙正卸去道知事一職，但他什麼也沒失去。

我聽說審判期間，擔任安熙正證人的部分人士獲得快速升遷。長久以來以「大義」之名團結、位居主流的權位者，以及和他們建立關係的人，依然在社會中活躍，我能依靠的就只有為實現正義而出面的寥寥數人。

我進團隊的時間雖然短暫，卻目睹政治圈許多現象，電影劇情原來都是以現實為基礎。在打造總統的大義下，為了主君而不惜犯罪，不僅被視為理所當然，甚至還當成英雄稱頌。對這個組織的人來說，往後我會受到何種處置？對於打著「安熙正的〇〇〇」的旗幟而進入國會、如今必須拚連任的議員來說，這場判決又具有何種意義？我為什麼要打一場答案昭然若揭的戰役呢？這場大家避

15 二〇〇二年，安熙正擔任新千年民主黨盧武鉉競選團隊的政務部長，為其總統當選之路助一臂之力。

之唯恐不及的戰役，為什麼是像我這樣的無名小卒在打呢？

我無法預測自己參加MeToo能改變世界什麼，甚至不去想像，只能殷切祈禱之後會有所不同。

我想明確指出，「無論多有權有勢的人，只要犯錯，就必須接受懲罰」的真理，我想高聲吶喊，不能用人為的力量剝奪另一人的人權，如此而已。

#大事與小事

組織並不民主，安熙正及部分高層幕僚的多數決定都是單向的。剛開始擔任隨行祕書時，在安熙政身邊很久的幕僚經常不知道是真心或試探的問我：「近看後不覺得很失望嗎？就連我們的靈魂和自由也被奪走了。」起初我不懂這是什麼意思，直到明白時，也對自己的認同感到混淆。組織成員，就像是用於名為「打造總統」這個專案的工具。

比如二十四小時的轉接電話，我猶如不分晝夜替知事代接電話並作紀錄的工具。當知事想親自打電話時才會解除轉接功能，但即便是這時，我也像是個工具。知事會把隨行祕書叫到辦公室，他不會親自按號碼，而是隨行祕書負責打電話。直到訊號音響起、電話接通後，我才往知事的耳朵旁送上話筒。我必須在對方聲音傳出的那一刻，分秒不差地將電話交給知事。

由於安熙正經常在外演講和國外出差，曾多次受媒體和議會抨擊，但依然我行我素。起初他要求我一個月安排一次國外出差，例如一月到瑞士，二月到澳洲，三月到中國，四月到日本。當時有些人正在替安熙正制定卸任後的海外留學計畫，這項安排與其說是為了道知事的職位，不如說是在打造國家未來領導者。無論是安熙正和組織，都在實行「邁向總統之路」計畫。

安熙正到國外時，組織成員就能休息，大家幾乎都去國外休假了，我卻沒辦法，因為時任政務祕書的我，必須製作安熙正退任後要啟用的「安熙正網站」。整理安熙正擔任道知事八年來實施的政策和政績，建立往後競選總統要使用的資料庫，這是很重要的工作，卻由才進入道廳半年的我擔任專案負責人。打官司時，部分幕僚作證表示，他們為這項專案作業介紹了專家，也很認真幫忙，實情卻是我未獲得實質幫助。即便是預定開會的行程，多數人也以其他理由搪塞而缺席。

一般公務員也不贊同這項作業。儘管表面上看似合法，實際卻是將道廳預算移作個人網站之用。在打造總統的美名下，我被要求盡快完成，卻沒辦法好好執行。說好要幫忙的一般公務員跑來辦公室要我幫忙泡咖啡，還邊喝咖啡邊說：「這件事不合法，我只是一般公務員，沒辦法幫忙。」說完就走人了。

儘管我向組織前輩提到這件事可能有違法瑕疵，答覆卻千篇一律：「大事在前，小事必須犧牲。」在我的經驗中，道廳大部分的事皆如此。不僅會將道廳預算挪作安熙正支持者的住宿費，私下贈送熟人禮物也屢見不鮮。

二審時，即便安熙正被收押，部分媒體在談及安熙正參選一事仍表示：儘管安目前經歷困境，但只要獲判無罪，就能再次重返舞臺。在他們眼中的大事面前，小事永遠被無視，我不明白在他們的基準下，究竟何為大事，何者又是小事？至少對我而言，「大事」指的是一個人的基本尊嚴能獲得保障的權利。

#女人味

「只要有女人在，氣氛就會變好，知事也會比較溫和。」還有人說，光是能緩和氣氛這點，我就已經扮演好自己的角色了。初次聽到雖然內心不快，卻連這句話是一種性別歧視、有多不恰當都沒意識到。

平時我也經常受到指責，像是化妝要這樣畫、服裝要這樣穿、平時表情和語氣要怎麼做等。儘管在其他職場也經歷過，但來到這裡前，我不曾聽過這麼多針對外貌的品頭論足。要是鞋跟稍微低一些，就會被要求「妳個子矮，該穿高跟鞋」，甚至還有「別穿那種顏色的衣服，穿這種看看」或「妳該穿某種款式」等。在男性為多數的組織內，他們三不五時就會吐出：「沒錯，化妝就像今天這樣畫就對了」、「妳好像胖了點，尺寸不一樣了耶」。雖然會不自在與不快，但久了也逐漸麻痺。

安熙正也會從頭到腳審視我，甚至還會檢查我的睫毛，對我的妝容和服裝指指點點。其他員工的言語頂多讓我不舒服，安熙正的舉止則令我恐怖。他的眼神太可怕了，使我全身上下冒出雞皮疙瘩，我必須安撫內心，避免表露不安。當這種情況反覆發生，我也曾盼望有人會看出端倪並阻止，甚至試探地詢問女同事：「不覺得知事的眼神很可怕嗎？」

政治圈的組織文化是以男性為中心，女性被當成物品評價的情形俯拾即是。不僅我隸屬的組織，遇見政治圈的其他人時，也經常聽到關於外貌的評價。就連簡短問候與表示友好時，也不外乎是與外貌和穿著有關的話題。對男性隨行祕書來說，這些提問也很常見嗎？想必並非如此。

遭受安熙正的性暴力前，同事也曾對我性騷擾。就在我好不容易開口後，組織也沒有應對，既沒有把我和加害者隔開，也沒進行懲戒，都是打馬虎眼帶過。我卻會聽到「除了妳，還有很多人可以坐那個位置」，甚至收到「往後再為類似事件吵，被炒魷魚的人反倒會是妳」這類強烈訊息，更別說是後來最高掌權者的罪行了，女性隨行祕書從一開始就是一項物品，是被物化的客體。

在相對年輕的我面前，前輩會說半語、粗言穢語，甚至年紀比我小的男性也會宣稱自己是政治圈前輩，要求等同前輩的禮遇。在這裡的位階秩序中，我位居最底層，是必須迎合所有人的老么。

儘管如此重視位階，卻有很多人要求我稱呼他們「哥哥」，這與年紀無關，無論在工作場合或酒席，對話第一句總是：「哥哥我……」太噁心了，我有無數次想大喊：「我才沒有你這種哥哥，別再說『我當妳是妹妹』這種話了！」

參加 MeToo 後，我才得以擺脫高跟鞋，才終於有人問我：「妳的鞋子是不是太高了？看起來很不舒服。」一社運家後來送我一雙運動鞋。從無止境的外貌評價中開始的高跟鞋生活，在那天告終。

那雙高跟鞋真的很不舒服，我開始穿起運動鞋，當然，偶爾也會想穿上高跟鞋及時髦的衣服——只要我想的話。

#權位者掌握生殺大權

擔任隨行祕書四個月後，突然收到要我別當隨行祕書的消息。先是要我辛苦一年然後錄取我，又突然接到這個通知。雖然一直很想擺脫這個職務，卻有種被換掉的失落感。

我詢問前任祕書及周遭的人，不曉得做錯了什麼。他們說，這只是為了讓我保持緊張罷了，一般來說，隨行祕書不會被換掉，過去不曾有隨行祕書做這麼短的時間，別擔心，妳沒做錯什麼，現在做得很好。他們如此激勵我，安慰我說不會真的把我換掉。

但後來又接到通知：「妳別再當隨行祕書了，立刻交接。」就像一開始那樣，一切都是突如其來，要我走也是。我想起前任祕書遭到解僱幾天前才收到通知，緊接著就被裁員了。

會不會是工作時犯了什麼錯？往後我會去哪裡，又會做什麼呢？我只聽說，隨行祕書本來就是輪流擔任的職務，卻沒聽到更動的理由，沒接到任何正式通告，只聽到許多竊竊私語：「聽說金智恩被道廳炒魷魚了。」「聽說是做得太差了。」「辭掉隨行祕書後要去首爾嗎？」「隨行祕書被炒魷魚，不覺得不太尋常嗎？」「是拿妳開玩笑嗎？怎能把才上任幾個月的隨行祕書炒魷魚？」「那本來是我的位置，但我說我不做。」「那個職位對女生來說本來就很吃力，以後不要再當隨行祕書了。」

卸任和接任時一樣，都遭到毫無來由的冷眼對待。要將個人物品搬到其他祕書室時，我獨自搬運沉重的箱子，卻被大聲喝斥怎麼還不趕快出去。我被趕了出來，覺得遭受同事這種對待的自己太過悲慘，默默流下了淚。那時的淚水，日後卻成了「因為和安熙正分開而哭泣」的謊言，傳遍社會。甚至出現不實謠言，說當政務祕書明明是升官，我卻哭成淚人兒。這並不屬實，職等是相同的，只是職務有所變更。

當時我商量過的前輩，比誰都清楚我為何對職務變動感到痛苦，在法庭上卻說了另一套證詞。不過，二審採不公開方式進行時，他們又做了不同陳述：「因為一審是公開審判，所以沒辦法說。」另外兩人也這樣表示，「受害者改去當政務祕書時，訴苦的原因在於要是去當政務祕書，公務員會輕視她，認為她占了個涼缺。」

擔任隨行祕書時，大家就已經因為我是女人而不願配合了，要是當政務祕書，情況顯然會變本加厲。周遭的人反倒認為我被炒魷魚還比較自然。人事異動後，眾人對待我就像是辦事不力而被炒魷魚的人。我迫切需要協助，甚至還向外部前輩求救。因為即便在這種情況下，我仍被交付許多任務。

我感覺自己被裁員、被排擠、被拋棄了，很怕失去一切。工作永遠都是最迫切的，沒有比失去工作更令人窒息的了。

#未擋下性騷擾報導，知事不高興了

擔任政務祕書時，忠南道廳曾發生高等公務員對女性約聘員工性騷擾的事件。受害者第一次檢舉後的隔天，高等公務員擬定了刪減受害者年薪的草案，受害者也被迫簽下寫有「必須遵守主管公務員之命令，未遵守時，則必須自行承擔解除合約等不利情況」的切結書。同時，高等公務員的業務分類表上多了「期間制勞工的人力管理」，等於在明示受害者，自己即她的「主管公務員」。

即使有二度傷害的疑慮，忠南道廳卻未將加害者與受害者隔開，依然讓兩人在相同空間工作。受害者受到嚴重的心理壓迫，最後提出隔離兩人的要求。道廳雖將加害者分發到其他組，但終究還是同一個辦公室。此事件透過媒體被公諸於世。

關於這起事件，幕僚反應都是從觀察安熙正的心情開始。「知事好像很不高興。」這是團體會議的第一句話。實際上，安熙正的心情非常糟。組織從早上就開始觀察安熙正的臉色，他很明顯對這起事件外洩感到驚慌。大家都戰戰兢兢，生怕過去苦心經營的形象會毀於一旦，公關負責人使出全力防止媒體針對這件事做文章，因此事件在地方媒體就止了血，全國媒體上沒有相關報導。

在顧及最高權力者的心情與形象管理的議論和情緒中，任職道廳某部門、不知名的約聘員工，如何殷切控訴自己身處的情況、遭遇的困難，從一開始就不在考量範圍內。事件相關人士為客體，也是不知道會濺向何處的火種，大家關注的焦點只有如何悄悄地滅掉火苗。即便這攸關某人的人生與生計，也無人感興趣。

「結論是沒有物證。」「要妥善處理，在媒體和女性之間似乎會造成很大的風波，必須慎重保密。」「知事的態度很重要，必須朝改善制度的方向包裝。」「要把這件事當成機會，檢討道廳職員的文化。委員會的調查結果必須透明公開。要是不發表報告，問題會擴大。」耳語傳來傳去，焦點都集中在以何種主軸報告才不會被流彈掃中，要採取何種姿態，才能持續維持重視人權與性別的形象。

當時幕僚也知道性騷擾事件的調查有問題。「沒有問題」是由性騷擾高層審議委員會（以下稱委員會）下的結論，其成員主要是非專家及內部人士。甚至聽說某位委員在審議現場時，還問了與事件毫不相干的問題，質問受害者：「媒體是怎麼知道這件事的？」這等於是在助長歪風，加速內部秩序失衡。外界也質疑：「完全吻合胳臂向內彎的典型模式，有必要回頭檢視公共機關是否確實履行了職責。[16]」於是組織內又開始討論平息風波的解套策略。

討論中，我很少有發言的餘地。想到受害者獨自面對龐大組織的模樣，就不禁心痛。遲疑許久，想說的話最後又吞了回去。對我來說，那位受害者的遭遇並不是別人的事，也是我的事。但要是我提出問題，不用想也知道會聽到什麼回答：「這種事妳為什麼要出面？」「安靜點，妳別插手。」「這種事只有當事人才知道。」我的耳邊彷彿已經聽到了這些話。

大家並未針對道廳性騷擾事件進一步展開對話，緊接著主題轉為「安熙正參加瑞士的達沃斯論壇（Davos Forum）時，要不要發一篇機場穿搭的照片報導」，頓時，席間討論變得非常熱烈。

直到道廳公務員的性騷擾報導遲遲無法平息，幕僚才又出現「道廳向來將兩性平等與人權視為重要價值，往後也會格外關注，致力於性騷擾預防與對應」等給人正面觀感的意見，同時也有人提出「發表與安熙正注重人權的定位符合、先進革新的改善方案」，甚至出現對委員會的抱怨。「像這種案例，調查水準應該要讓加害者感受到逆向歧視[17]，引起他的不滿才對，先前調查是不是太草率了？」在大夥忙著應付媒體時，內部處理卻無疾而終。[18]

16 原書註：資料出處〈忠南道有想要解決性騷擾事件嗎？〉（《DT News 24》，二〇一八．一．十八）。
17 為保障受歧視的群體，使其得到公平待遇，而制定的新制度或措施，卻導致原先處於優勢的群體受歧視或不公平待遇。
18 原書註：受害者直到最後一刻都沒有放棄。二〇一八年四月，加害者被判減薪三個月。加害者不服，向法院提出取消處分訴訟，但二〇一九年十月，法院作出減薪為合理處分的判決。

祕書業務的特殊性與權力關係

這是參加MeToo後，支持我的人所寫的請願書部分內容。對方曾在公共機關擔任祕書，他點出了祕書這個職業被要求做的犧牲及業務性質，在此感謝對方的支持。

尊敬的法官，

提交這封請願書之人，以曾於政府公共機關擔任祕書一職的當事人角度，試圖說明祕書業務的特殊性、其間的權力關係，以及該權力帶給主管的威權。（略）

此案件必須考慮祕書業務和主管在工作上具有極高的相互依存關係，並具有和主管以一對一的關係執行業務的專業及特殊性。此外，通常在執行業務時，公私界線模糊，也具有極高的從屬特性。主管的權力行使具有多元面貌。檢視祕書一職的業務特殊性，與權力的多元面貌建立了何種關係，乃是這場審判的重要關鍵。此請願書的目的，是為了藉由說明祕書的業務特殊性所造成的情況，以及權力與關係建立的方式，來解釋威權是如何體現。同時，被告安熙正身為公共機關的前任長官，具有莫大影響力和權力，身處一個應該比任何人都嚴守高道德標準的位置，卻濫用自身權力，行使暴力，對需要高度信賴關係的隨行祕書施加性暴力，在此懇請法官給予嚴懲。

一、祕書業務的特殊性——機關主管的心情為首要考量

美國專業祕書協會（International Association of Administrative Professional）定義祕書為「保有精通事務的技術，即使無人直接監督，仍發揮擔負責任之能力，在被賦予創意力和判斷力的權限內做出決定的主管輔佐人員」。（略）

機關主管的祕書對主管來說是最密切的輔佐人。祕書的業務具有非典型的特性，難以預測業務程度和分量，加上業務範圍不明，公私界線模糊。業務會同時發生，具有突發性，且必須根據當下情況迅速準確的判斷與行動，因此時時須保持高度緊張狀態。

以我個人的經驗，當負責人交接業務時，向我強調的是「掌握機關主管的心情是最重要的」。舉例來說，主管提問時，為了能夠立即回答，我必須在開始工作的第一天，就把機關組織圖、任職人員和相關負責人的姓名與電話全部背下。必須掌握主管的行事風格、偏好、喜歡的食物、喜歡的場所、時間管理、過去的成就、與經歷相關的人脈，以及與家人相關的事項等。

為了掌握主管的心情，被交付的工作中最荒唐的，莫過於要我掌握在辦公室內的主管現在是正在閱讀、在洗手間還是在睡午覺。在主管辦公室被牆面和門包圍的情況下，如果我不上前偷看，就無法得知主管的狀態。剛開始，無法理解的我忍不住納悶：「我要如何掌握在辦公室內主管的狀態？」而我實際得到的答案是：「哪怕是用念力之類的超能力也要辦

到。」雖然有些無言，但實際工作後完全能理解為什麼負責人會說出這番話。（略）

1.行程管理的各種情況和脈絡

先從祕書最基本的工作——行程管理開始舉例說明吧。雖然行程五花八門，但每天的午餐，大多是十五天前安排好。年末則是一個月前就開始安排午餐行程。安排時首要考慮的是適當的地點和動線，首先根據午餐要會晤的對象的特性確認地點（……）這時重要的一點，在於先掌握主管的飲食口味和偏好、喜歡的地點再決定。要確認早餐和晚餐的菜單是否重疊，也要考慮昨天和明天行程的菜單。（……）要是活動時要同時用餐，就更要保持緊張，必須觀察主管的表情，掌握是否有其他需要，因此完全沒有時間思考用餐的事。在活動進行期間，必須站在主管看得到的地方，時時分析他的表情和行動，確認主管是否在找祕書，也必須近距離扮演貼身輔助角色。

2.業務核心在於機關主管的「心情」

即使只是進行一項工作，也必須為主管打造最佳狀態。要悉心留意主管的心思，避免他有任何不便或不快，正是祕書需要扮演的重要角色。因為主管身負重任，凡事必須講求效率，而左右其效率的關鍵就在心情。一切業務心都只能是主管的「心情」，為了不干擾其心情，必須時時掌握情況。在我輔佐主管的四年中，曾在行程上犯過一次錯。是主管私下說好、卻沒有知會我的行程。就算主管沒有告知，我也必須詢問並確認，但彼此都忘記確認。最後，因為沒有告知對方見面地點，導致主管在午餐地點獨自等了半小時。在電話中接到這個晴天霹靂的消息，我一時慌張得不知如何是好。想到自己可能會被解僱，我還寫好了辭呈，電腦檔案也整理好，還向共事的其他祕書交接了重要業務。最後我沒有被解僱，只被嚴厲訓斥了一頓，但在這之後，我的不安逐漸擴大，在工作必須完美無疏漏的壓力下，甚至曾求助醫生並服用藥物。

安排及確認行程的工作，只是一天中無數業務的一部分。為了報告需要主管批准的相關事項，我必須掌握業務並事先確認。為了做到這點，我極度需要時間，因此每天早上五點四十分從家裡出發，搭乘第一班車到機關上班。（……）主管和祕書的業務關係就像這樣，在時間和空間上都相當密切，情緒面也密切相關，因此讓主管保持輕鬆愉快，是身為祕書最重要的核心業務。（略）

3. 處理業務上的苦衷，連作夢都不敢想

祕書執行一項業務時，必須擔任組織內外各種相關人士的協調者，因此和共事者的溝通合作非常重要。由於也會有勾心鬥角、權力鬥爭的情況，要讓大家團結合作是最困難的。可是，儘管必須帶領大家，但祕書這個職位又與其他部門區分開來，很少有和主管以外的成員碰面的機會。

此外，業務上需要保密的事相當多，和同事要建立親近關係相對困難。實際上在生理與心理層面的困難、身處陌生環境與人群的孤獨感、對專業祕書角色的懷疑、難以表達個人情緒、必須配合上下班的生活作息等，祕書遭遇了各種困難，卻沒有能討論或商量的對象，而這也成了最艱難的部分。（……）談論工作上的苦衷時，他人可能會認為你在說主管的壞話，因此作夢都不敢想說出自己的難處（略）。

二、祕書職務的從屬性——以機關主管的權力關係為中心

主管的個人面貌，會對權力大小與型態造成影響（略），根據主管的權力大小與型態，從屬程度也有所差異。我所輔佐的主管擁有相對龐大的權威，但在道德操守上也恪守本分，因此能相對快速形成信賴感，並促使身為祕書的我，進一步將主管的角色套用在自己身上，形成堅實的從屬關係。

1.超越祕書的身分，成為機關主管的分身

祕書最重要的角色在於不擾亂主管的心情，協助其有效率地工作。我所輔佐的主管擁有龐大的權力，在機關內的權威也不容小覷，大家的態度都是無條件接受主管的想法。我必須持續琢磨主管的思維方式，在這種情況下會作出何種判斷，甚至是會作出何種選擇。所以有時必須超越祕書的角色，把自己當成主管本人一樣面對工作。

碰到這種時候，就算沒有主管指示，我也能掌握他的需求，自行處理業務。前面提到，決定與午餐日程相關的地點和菜單時，必須考慮早餐和晚餐行程，避免菜單重複。這時祕書多半不會想：「應該不想吃重複的吧？」而是把自己當成主管，想：「又吃一樣的？」因為「應該不想吃重複的吧？」涉及了我個人的立場，但「又吃一樣的？」則是站在主管的角度，去考慮他偏好的食物。實際在工作時，必須採取後者的立場，才能在事情同時發生或突發情況下處變不驚，著手處理。（……）前輩就時時對我耳提面命：「必須站在總長的立場，像總長一樣思考！」前輩祕書曾聽過的最佳稱讚是：「你就像我肚子裡的蛔蟲！」這是在主管最心滿意足時會說的話。

2.無法想像違抗主管的指示

在這種必須超越祕書身分、站在主管角度思考的情況下，違逆主管指示是無法想像的事。假如違抗主管指示或提出異議，就無法發揮身為祕書該有的力量，也無法扮演祕書的角色。（……）即便不是違抗主管指示，單純為了參加女兒的小學入學典禮，上午必須短暫請假，我也整整苦惱了一週。主管對我來說就是擁有如此大的權力。我是家中維持生計的撫養者，職業的穩定至關重要。祕書的世界比任何地方都重視名聲，主管又是能左右我的經歷與未來的人，我必須盡力輔佐。這樣的我，怎能違抗主管呢？

無法違抗指示還是非常委婉的說法。祕書不僅不能違抗，而是連想都不要想。這就是大韓民國忠心耿耿輔佐主管的祕書所面對的現實。要我們拒絕不合理？要我們說不？這些說詞代表對祕書這個角色和特殊性一無所知。（……）因為在祕書的能力中，忠誠度是很重要的一項能力。

多數人在質疑受害者，為什麼要在深夜替對方買啤酒，為什麼要在深夜替對方拿菸去飯店房間，為什麼不行使自身的性自主權……當徐志賢檢察官身處眾人在場的葬禮場合，長官就在自己身旁，她卻什麼都無法做時，難道是因為她沒有行使性自主權嗎？無法提出問題，這就是權力。

3. 權力的延伸——洗腦

「權力並非完全壓制他人，或使他人化為烏有的暴力，它反而貫穿了名為他人的負面緊張感，透過自身的延續來定義他人。」這裡說的權力，是擁有權威的權力，具有權威的權力是以道德為根據。

能把自己當成主管分身去思考，徹底實現從屬關係的結構，乃是以「與主管間的高度信賴關係」為基礎。我所輔佐的主管是很努力提升自身道德涵養之人。舉例來說，主管最重視的價值是「公先私後」。（……）他初上任時所做的，是申請預算整修機關設施，檢查所有設施，主管辦公室最後處理。實際上也真的等到所有洗手間和建物都整修好了，才整修主管辦公室。主管經常對我說，祕書室要最後修理，當所有辦公室都翻新時，只有祕書室直到主管任期結束都沒整修，就這樣維持了三十年的傳統。主管的核心價值「公先私後」，同時也是身為祕書的我所信奉的價值。

我的主管採用的方式不是壓迫祕書，而是將自身價值觀灌輸給部屬，徹底對他們洗腦，以此行使權力。對祕書來說，這種主管在公私界線上也很模糊，必要時要協助主管的家事，有時也要執行夫人的指示。（……）不僅業務繁重，身體也非常吃力。但主管是我尊敬的人，在我面前，主管也總是小心翼翼，所以我才能支撐下去。儘管如此，若以勞動感受性來判斷此事，這份工作充滿了不合理。執行祕書職務的專任人員待遇必然需要改變，這是勞動權問題，也是人權問題。

三、請嚴懲安熙正濫用職權的行為

看到忠南道知事隨行祕書的工作手冊後，我非常吃驚。幾乎二十四小時待命，用訊息和KaTalk[19]下指示，工作外還要求高度信賴關係的祕書做各種跑腿，甚至施加性暴力。這等令人髮指的行為，不僅破壞公共機關主管的道德性，更泯滅人性。我看到受害者金智恩小

19 KakaoTalk，韓國手機通訊軟體之簡稱。

姐的遭遇，就像自己親身經歷般心痛。

有句話說，剛開始累積資歷的人，就像一個人在外地旅行，在忠南道廳這個陌生地區，必須處理發生在陌生人之間的各種業務，即便是經驗老到的祕書也不容易，更何況初來乍到。而且基於業務特性，又必須在執行業務時，與機關主管密切往來。起初被交付的責任和權限比一般職務沉重、廣泛，其壓力必定大到難以言喻。（略）無庸置疑，這是由威權引起、濫用權力的性暴力事件。假如沒有給予應有的懲罰，未來所有從事祕書專任人員的尊嚴將會遭到否定。

為了避免其他受害者出現，金智恩小姐鼓起了勇氣。我也捫心自問，假如身處相同情況，是否能像金智恩小姐一樣勇敢？我恐怕辦不到，因為我對他們的權力結構太過了解，金智恩小姐卻挺身而出。在此懇求法官務必實現司法正義，別讓金智恩小姐的勇氣白費。

二〇一九年一月二十一日

（後略）

第三章

受害者，金智恩

#未受保護的受害者

審判開始後，一審法庭表示會保護性暴力受害者，讓受害者走其他通道，避免在人群前曝光，但也僅此而已。當檢察官擔心受害者被二度傷害，要求開庭不公開時，法庭拒絕了。雖然允諾讓受害者在陳述時和被告分開，但被告表示聽不到聲音，接著在未經我同意下就帶我進入法庭。雖然設置了薄遮板，卻連對方的呼吸聲都聽得一清二楚。我太過害怕，甚至不敢望向那個方向。這等於是讓被告坐在受害者旁邊，太恐怖了。

我聽見了被告移動的聲音和咳嗽聲。每當我進行陳述，安熙正就會乾咳幾聲，那就像在隨行慣用車內，被困在那狹小的空間，在安熙正身旁動彈不得。我就這樣發著抖做了十六小時的陳述。當時雖是炎炎夏日，我的體溫卻急遽下降，連指尖和嘴脣都變成紫色。靠著厚毯和熱水才勉強撐下來，而陳述直到午夜仍持續著。

逐一回顧痛苦回憶所提出的證據，大多被排除在外；證人陳述多半只有安熙正的證人陳述獲得採用；心理專家的意見也只有被告的專家意見被採用。甚至有位心理專家與安熙正的夫人熟識，受其請託而來，還說是初次在法庭做心理諮商。基於這個理由，安熙正的專家心理諮商在中途中斷了。

檢方只有公開部分證人陳述，被告的證人則全數公開。關於我的事，全被一面之詞不對等地披露給媒體。排除脈絡與情況，煽動性的訊息不斷出現，其中也有不少作偽證的人。我覺得自己變成了「張口就能咬住」的獵物，高學歷、曾結過婚的事實被反覆強調，而整起事件則被男人、化妝、口紅、寢室、離婚、酒、面對面抽菸、飯店等煽動性字眼，與被編輯過的對話截圖重新拼湊。作偽證的人，說我在第一次受害後去買嫩豆腐，走入我壓根就沒進去過的夫婦房間，還說在最後一次受害後的某天和我見了面，那些話令我備受侮辱、痛苦不已。總有一天，我要為作偽證這件事，向他們興師問罪。

之後，在法庭酌量下，不公開判決書。起初檢察官申請審判不公開，旨在保護受害者的私生活，但審判過程已弄得人盡皆知，直到受害者受盡各種言語暴力後，法庭才決定判決書不公開。每次公審過程都透過發言人訴諸媒體，宣告文也在法庭上詳細朗讀，最終結果則被新聞媒體重新加工後散播出去。當初說的保護，究竟是為了誰？

參加MeToo後，在審判過程中遇見我的人會激勵我：「好好吃飯，別累壞了」、「一定要堅持到最後，別洩氣」。剛開始我以為那只是單純要我好好吃飯的意思，親身經歷才知道，我要打的這場仗不只是「物理力量」的對抗，也是與「時間」對抗。唯有活下來，真相才能水落石出。親朋好友的建言，是要我扛住這漫長的陰謀，要我戰勝時間的囑咐。

起初雖已分派好負責的法庭，但過沒多久又重新分配，一再延期。唯有審判結束後揭開真相，我才能考慮往後的人生，時間卻這麼白白流逝了。這場永無止盡的鬥爭，讓我每天都彷彿置身地獄，忍受時間持續流逝，無疑是最痛苦的。

一審法庭分派了三次，最後判決無罪[20]。二審日期也拖到很晚，法庭不斷變更，日期也一再延後。終於確定法庭後，安熙正的辯護律師彷彿等待已久般，立即提交「先任制[21]」文件，再次因此重新安排法庭。

三審也是相同情況。起初指派的最高法院法官申請迴避，理由是和被告有交情——和被告沒有交情的法庭真的存在嗎？一審、二審、三審都重新指派了兩次以上。主要負責審理前總統或大企業案件的最高法院，重新指派的情況卻如此頻繁。都說前官禮遇[22]如今不存在了，與其牽扯的狀況卻還這麼多。反覆推遲庭審，在在證明安熙正具有多大的權威。

「威權雖存在，但沒有行使。」首爾西部地方法院趙炳九法官說的話最令我印象深刻，我對威權勢力的如影隨形感到洩氣。原來是一場看不到盡頭的抗爭啊，我的人生真能重新開始嗎？在不斷延長的抗爭中，我第一次陷入深深的挫敗感。從審判到時間暴力，任何保護都不存在。

#有什麼比貞操更重要？

一審期間，我一直遭受具攻擊性的提問。在備受壓迫的法庭氣氛中，我被安熙正、安熙正的五位辯護律師、檢察官和法官包圍，他們對身為原告的我提出無數問題，卻沒人詢問被告安熙正任何問題。

彷彿把受害當下濃縮成好幾倍的極度痛苦，我又再次在法庭感受到了。我接受彷彿鞭刑般的審問，精神開始混亂。被告律師在沒有得到想要的回答，或我混亂時，就會一邊看著調查報告，一邊

20 原書註：一審法庭宣判前忠南知事安熙正無罪後，「與MeToo運動攜手前行的市民行動」強力譴責，並於二〇一八年八月十八日，以「對女性而言，國家並不存在」為主軸召開緊急集會。

21 證明過去曾擔任檢察官或法官之文件。

22 當法官或檢察官轉行擔任律師時，第一場官司基本上不會敗訴的優待。

提出裡面根本沒出現的問題，好像那是我做的。向被告律師提出抗議後，對方卻理直氣壯地回答：「律師想怎麼誘導審問都可以。」我感覺自己就像在玻璃屋內獨自徘徊，不知道出口在哪裡。

安熙正的律師向我拋出的問題和邏輯都是採這種方式：

金智恩小姐不是受害者。

她既不是兒童，也不是身障人士，而是高學歷女性菁英。她有婚姻紀錄，也有離職經驗。過去駕駛祕書曾對她猥褻，她也曾多次抗議。她具有選擇離開公司的決斷力，選擇離婚的個人鮮明主張，就算蒙受損失，仍在加害者身邊盡力做好自己的工作。雖然受害當下曾拒絕、反抗，但必須將此視為消極姿態。對男人來說，拒絕並不是拒絕，否定就是肯定。抗拒應該更積極地大叫：「我不要」、「不行」、「啊！」並拳打腳踢、揮舞抓撓，即便是在國外或深夜，也應該跑到外頭向俄羅斯、瑞士的警察求助才對。

她是為了成為超越徐志賢的 MeToo 象徵，才在電視臺公開。她完全不符合受害者該有的樣子，所以她不是受害者。從「性別認知[23]」角度來看，只是將眼淚當成控訴手段，於是法律就將她打造成受害者了。

無論司法部門以再多證據宣判被告有罪，金智恩也絕對不是受害者。看到她在回覆被告的訊息時使用「好唷[24]」這個字眼，就可以知道兩人是戀人關係，因此，金智恩絕對不是受害者。

法庭上出現了包含這類內容和措辭的提問與辯護。法官問我，對我來說，比貞操更重要的東西是什麼。我能做的就只有反駁，提出相關證據，正大光明地戰勝這一切。羞恥和忍受，全都是我的責任。

事件發生當天，安熙正對我施加物理性暴力和性暴力，我雖然在能力範圍內做出最明確的拒絕，卻遭到忽視。「不行，這樣好像不對。」我抵抗了，搖頭說：「這樣不對，我不知道。」我看著地板，全身僵硬地拒絕了好幾次。安熙正心知肚明，他知道我不同意，但他仍這麼做，並強迫整件事發生。在職場上掌握我生殺大權的安熙正，知道我沒辦法逃。

我害怕被解僱，為了別搞砸被交付的任務，不動聲色地繼續工作。我只能相信安熙正說的：「對不起，我再也不會那樣做了。」不斷告訴自己再也不會發生那種事，不，非得如此不可。我相信只要把這些經歷說出來，法庭會依據常識做出判斷。

儘管檢察官窮追不捨，法庭又提出奇怪的問題，我仍前後一致的誠實作答，而且不是口說無

23 從兩性平等的視角，察覺日常生活中因性別差異所引起的歧視和不平衡的敏銳度。
24 原文為「넹」，正式用法為「네」，在關係親近時，看起來語氣較柔和，通常女生使用居多。

憑，還提出許多證據。我真的很認真、拚命地面對調查。

三位法官並沒有質問被告安熙正：「為什麼你口口聲聲向金智恩說對不起，卻又多次將她玩弄於股掌之間？」

「為什麼親自在臉書上寫，這不是兩人協議發生的關係？」

「為什麼三度推翻立場，立場反覆的理由是？」

「為什麼接受監察機關約談後就把手機銷毀了？」

為什麼法院沒有質問加害者安熙正所主張的：

「雖然威權存在，但這不算威權；雖然受害者有拒絕，但我沒有罪。」

「非雙方協議所發生的關係並非強暴。」

「雖然並非自願發生性關係，但這不是性暴力。」

真不曉得到底為什麼不是。

假如法庭也像對我一樣，向安熙正提出十六小時的審問，也許一審結果就會有所不同。一審過程中，法庭什麼都沒有向安熙正詢問或確認，最後卻判斷他的說詞更一致、更具可信度。我在媒體上揭發後，安熙正承認這段關係並非在雙方協議下發生，表示一切都是自己的錯，甚至還道歉。他銷毀了犯罪時使用的手機，多次推翻陳述，自行湮滅證據，法庭卻一句都沒過問。

#安熙正證人的僞證

「必須要有組織的許可。」聽說有好幾個人被問到能不能出庭作證時，如此答道。身為性暴力受害者，我不過是希望他們能如實陳述我的處境，多數人卻以這等理由拒絕，令我絕望。後來我才知道，大多數性暴力受害者要找到願意作證的人是難如登天，大家都不想被捲入複雜的事。

特別是我希望能擔任證人、說出真相的人，大多是和我親近的同事或上級。我向他們訴苦，他們也間接或直接的看到我為工作或人際關係痛苦的模樣，但他們依然是在組織階級中求生存的上班族，要上法庭作證實在很有壓力。

之後出來作證的人大致分成兩派：承受著自己遭受的困難，並說出自身經驗的人，以及為不曾發生的事作證的人。

前者的部分證人甚至被安熙正以「僞證罪」提告，後來以無嫌疑不起訴，安熙正又提出抗告後被駁回。某位證人表示願意出庭作證後，卻持續收到有關我的流言，說金智恩是個怪人，不要替她作證。

後者的部分證人做了關於我的無數偽證，只要和幾個相關人士、當時的行程和情況對照就知道是謊言。和我之間的對話也被掐頭去尾、任意變造後當成證據提出，全都未經檢察機關正式的數位鑑識（Digital forensics）程序、出處不明的對話內容。和我對話的脈絡及關於對方的一切，全被擅自解讀，被當成我不像受害者的主張根據。

還有證人說，安熙正對我施加性暴力後，我在首爾和他見了面。我那天明明就在忠南道廳上班，因公事見面的人也很多。只要確認道廳的出勤日誌、當天行程，由同行者進行簡單陳述，謊言就會不攻自破，證人卻依然說那天見到了我，說完全看不出我遭受性暴力。在嚴肅的法庭公然宣誓後，怎麼還能做這種偽證？究竟是為了什麼？

為了打造出「我不像受害者」的形象所動員的其他證人也一樣。嫩豆腐、紅酒吧、預約飯店、尚和園。他們說知事喜歡吃嫩豆腐，必須去找餐廳，但那人不是我，而是先前的男性隨行祕書到國外出訪時發生的事。

安熙正要求當地員工同行去了當地餐廳。預約飯店一直都是隨行祕書負責，卻被說成是我希望發生關係，自行預約了飯店；還有人主張我在尚和園時進了他們夫婦的寢室，假如我真的做了這麼嚴重的事，在他們夫妻熟睡時走進去還盯著看，他們還能繼續讓這名員工當隨行祕書嗎？

那天我並沒有進他們房間。當天我收到安熙正在尚和園住處頂樓和其他女性碰面的訊息。安熙正恰好沒有取消轉接功能，所以對方傳的「我在屋頂等待續攤」的訊息傳到了我工作使用的手機。當時有駐韓中國大使參加的重要行程，安熙正夫人也在場，我只是擔心不知道會發生什麼事，最後跑到通往頂樓的階梯坐了一會罷了。因為前隨行祕書告訴我「要注意避免和那名女性發生問題」，我只是想完成工作。

實際上接受檢方調查和審判時，安熙正陳述自己當天和該名女性在屋頂上見了面，也確認了通聯紀錄，安熙正的夫人則表示自己一直和安熙正在一起。她卻在法庭上說，不知道安熙正當時在頂樓和其他女性見面。

平時無論是安熙正夫婦的朋友聚會、社團聚會、親戚聚會等公私不分的行程，我都隨行在側，時時疲憊不堪。有一次我在車外待太久，全身起了紅疹，整個人紅通通地等待行程結束。安熙正的夫人則說我臉上泛紅暈，還使用了我生平第一次聽到的「小媳婦祕書」稱呼我。聚會直到深夜仍不見解散的跡象，我才在現場待命，她卻說我臉泛紅暈地在等主管。

按常識來看，這一切主張都是能確認真假的偽證，媒體卻把根本未經確認的證詞一字不漏地傳達給大眾。其中的意見均與案件無關，大部分都在說我不像受害者。而檢方傳喚的部分證人證詞卻以不公開方式處理。在那些陳述中，包括我面臨的權力關係、狀況及我所控訴的傷害，那些證詞也被視為事件相關重要線索，在判決書中引用，可是媒體知道的就只有偏向安熙正的證據，緊接著就興起一場輿論審判，我成了「奇怪的女人」。

被告請來的部分證人，雖然不知道是否出於偶然，但有人在審判過程中成了與安熙正交情匪淺的國會議員祕書官，也有人成了自治團體長官的諮詢委員。與安熙正交情匪淺的國會議員，大部分都善用了「安熙正的〇〇」這個定位後順利當選，聽說所有人都有很好的發展。

起初，安熙正把自己不常使用的手機交給檢方，後來在拘票實質審查時，法官問起安熙正犯罪時使用的手機行蹤，他才表示自己銷毀了。我在調查期間把自己使用的手機交給檢方，經過調查機關的數位鑑識程序，所有資料都經過仔細查證。檢方和安熙正的律師都有看到那份資料，我則是找出了與事件相關的無數證據，提交檢方。

但在煽動性言詞和偽證面前，我所繳交的客觀證據以及數十小時的陳述全被視為無用之物。重要的事實未受重視，輿論和煽情才重要的情況持續發生，而造就這個情況的，是那些不久前仍是我同事的人。我對人際關係產生極大懷疑，就連二度傷害這個說法都不足以形容。我學到了在權力面前，私人的友誼會在瞬間化為烏有。個人不存在，只有組織存在。

#對我而言，自始至終都是職場上司

排山倒海的謊言風暴，讓我和親朋好友全都暈頭轉向，所有消息都充滿無數八卦和虛假。一審時，檢察官傳喚的證人只有部分公開，被告的證人則全部公開，導致媒體曝光的資訊極度不平均，導致產生無數臆測和謊言。直到現在，我依然在撿拾被這謊言海嘯侵襲後留下的碎片，但我不知何時能全數清除。

安熙正最早透過臉書承認，「我祈求原諒，祕書室主張『這段關係是在雙方協議下發生』的立場並非屬實。」

聘用律師隨即推翻立場：「是以男女間的愛情為基礎，發展成戀人關係，彼此是在談戀愛，是雙方協議下的關係。」該立場也逐漸變得鮮明，安熙正的證人皆口徑一致地說是「戀人關係」。他們為我取了「小媳婦祕書」這個初次聽到的綽號，誣陷我是小三。有人上傳惡意留言，有人則在受訪時說謊。

對我而言，從就職到去職，安熙正都只是我的職場上司，我不曾對他有過對異性的情感或對話，只有一般上班族對公司的忠誠與熱愛。安熙正卻表示和我是異性關係，並把我在執行任務時，我站在知事後方貼身待命的照片，被當成兩人是戀人的證據。

二審時，安熙正幾度推翻「戀人關係」的陳述，也多次推翻性騷擾的說詞。「絕對不曾那樣，可能只是碰巧，在眾目睽睽下，（我）不可能那樣做，關係親密本來就可能有牽手等輕微的身體接觸，因為有好感，所以三不五時會觸摸一下，如果是戀人關係，這些不都很平常嗎？」

擔任安熙正的隨行祕書前，我在政府部門任職多年，沒有一位上司會以彼此很親近為由牽我的手。這是顯而易見的性騷擾，也是所有人都知道的常識，安熙正不可能不明白。他似乎認為以自己的地位，什麼都會被允許，自己這麼做也無妨。

以下是另外兩名受害者A、B的證詞[25]：

「我曾和安熙正一起搭乘電梯。他明目張膽地盯著我，說我『很漂亮』，並摟著我的肩膀拉向自己。之後我的Telegram收到一些先前不曾有的男同事私訊，甚至對只有工作關係的我使用『小寶貝』這個稱呼。」

「他平時經常盯著我看、握住我的手或手腕，還不時要我摸他的髮型或坐在他身旁，我感到很不舒服。有一天用餐時，安熙正要我坐到他身旁，我有點緊張，就把雙腿收攏靠向另一側，以很不舒服的姿勢坐著，結果安熙正說『坐舒服點』，邊用手拍打我的大腿內側，甚至發出了『啪』一聲，當時不舒服的感覺久久無法消失。」

參加MeToo後，我收到其他受害者舉發安熙正曾對自己施加性暴力的情報。就我所知，除了這兩個案例，仍有追加受理的受害者。但她們擔心身分曝光，所以只表達精神上的支持。聽到其他受害者的遭遇後，我好心痛。過去我們忍氣吞聲地生活，加害者令人備感壓力的眼神、不快的碰觸、性騷擾的言行舉止在各個角落持續發生，卻沒人敢揭發。大家似乎都懷著潛在的恐懼感，害怕坦承後會引發的效應，想像著最糟的情況——當其他人接收的不是完整的事實，就只有身為受害者的自己會被蹂躪、拋棄，因而感到掙扎，是那種恐懼導致我們沉默。

然而大家開始對抗權力，站出來發聲了。願意與我同行的人說：「儘管自己被指為組織叛徒，但幫助金智恩就是守護了自己的信念。這件事幫助的不只是金智恩個人，也是為了守護我的自我、為了我的家人。」

25 原書註：出處：「與金智恩同行之人」第二次聲明書（二〇一八．三．二十五）。

向世界吶喊：一審最後陳述

感謝法庭給我這個發言機會。三月六日向檢方提交訴狀至今已過了五個月，真不曉得是怎麼熬過來的，心情就像是罐頭中的食物般被囚禁。從檢調到審判陳述，每天都很煎熬，我必須回想長達八個月的惡夢、恨不得能刨去的受害記憶，為了進行反覆的陳述，我必須維持這些記憶，每一天都像重新經歷受害的那一天，就算活著也不像活著。

尤其是被告與為了被告而出席法庭的那些人，他們蓄意捏造的陳述更令我痛苦萬分，而這些虛假主張卻一字不漏地刊登在媒體上。在有形與無形的權力面前，和我同一陣線的人無不畏懼，我也曾因體力不支而暈倒。

我曾經希望一切能回到參加MeToo之前，只要我不說，一切就能回到原點了，只要我一個人消失，這一切就能當作沒有發生。假如我沒有大聲疾呼自己受害的事實，我的家人所經歷的痛苦，不就能全數消失了嗎？都忍耐八個月了，早知道我就應該多忍耐一下，本來只要我一個人痛苦就夠了，現在卻連累所有人一起痛苦……我悔恨又自責，晚上跑到漢江打算自殺。但我想起了徹夜不眠的家人、朋友及幫助我的人。

我心想，我是唯一的證據，假如我消失了，被告就會說出更天花亂墜的謊言。放任他這麼做會更對不起父母。只有堅定地證明真相，帶著真心、竭盡全力到最後，才是讓這崩毀的一切恢復原狀的唯一方法。

為了活下來，我努力到這一刻。雖然碰過幾次連自己都無能為力的難關，但為了生存，我咬牙撐了下來。只是七月六日在法院作完陳述後，我又再次崩潰了，參加MeToo以來的四個月中最煎熬的，莫過於那天在法庭上的十六個小時。

每當我打算答辯時，被告總會有意地發出咳嗽聲來突顯自身的存在。即便有遮蔽物，但每次聽到被告的乾咳或移動的聲響，即便要自己別在意，也會不自覺地心生退縮。

被告的五名律師，對我來說就像是五個安熙正，他們試圖以提問塑造我是怪人的形象，扭曲我在檢方面前做的陳述，或用截然不同的字眼提問，因此我曾向被告律師表示：「如果您不按照我原本的陳述，我很難再相信律師您，並對質疑作出答覆。」被告律師卻說：「請不要相信我，被告律師可以誘導審問。」律師露出不懷好意的笑容，一副「混淆妳的情緒就是我們的策略」的樣子，當時律師的表情和聲音，至今我仍無法忘懷。

其中一位被告律師，是被告競選團隊中發表支持宣言的一百一十九名律師中的核心人物，和知事關係相當密切，我也多次在知事的活動場合上碰面、有過交流，是安知事的熱情支持者。接受認識的人的審問，對我帶來莫大壓力，而且審問內容根本不是事實，衝擊與傷害更是難以言喻。

儘管我試著理解律師們是為了替被告辯護，才會違背良心說出不符事實的話，但又想到在這個法庭上，也曾有無數其他性侵受害者遭遇相同的情況，不由得感到心痛。知事對我施加的性暴力及無數猥褻的八個月，被濃縮成數倍痛苦，維持了十六小時，那是無法言喻的羞恥與煎熬。

光是被告的存在就足以令我懼怕，光聽到被告的咳嗽，我的心臟就瞬間凍結，腦袋也徹底停止運作。彷彿將過往犯罪事實壓縮的十六個小時，被人挖出與事件毫不相干的私事，讓我在法庭上全身顫抖。好不容易才打起精神回答的我，看著律師咂嘴說無法理解我的私事，也只能咬牙忍著。尤其聽到「貞操」二字時，我耗費時間做的陳述頓時變得羞恥萬分，那時我真希望可以當場死去。那種心情，沒有親身體驗過是不會懂的。

法官大人，這個事件的本質，是被告利用自身權力與力量，無視於我的個人意志所施加的性暴力。被告的行為，是帶著知事與隨行祕書之間的權力差異造成的強制、壓迫、權力的單向性侵。被告曾表示這段關係並非在雙方協議下發生，承認錯誤後，又翻盤主張是在男女愛情基礎下發生的協議性關係。被告的證人則把我和被告說成是戀人關係，好像是我更喜歡被告，才誘惑他，跟在他後頭般，甚至在我身上貼上「小媳婦祕書」這種前所未聞的綽號，試圖將事件導向外遇，混淆事件本質。

我從不曾對被告有任何異性情感，被告自始至終都只是知事，這點被告比任何人都清楚。隨行祕書是在知事身旁協助的角色，使其在辦公時無任何不便，即是我的任務，而我也竭盡所能。當時看到我這麼努力，同事紛紛稱讚我做事勤奮，如今在法庭上卻把我的勤奮說成是對被告的愛意，這又再次令我挫敗。

被告和其親信似乎認為，只要避免法律責任就能東山再起，於是像套好說詞般，以根本不符常識的證詞陷害我，以及彷彿參加總統大選般煽動部分媒體，試圖斷絕我僅存的一口氣。原本我最後的希望是被告真心道歉，但如今我再也沒有任何期待，更沒有原諒被告的想法。

被告深知自己握有多大的權勢，其身邊所有人只能唯命是從。無論被告提出什麼要求，都要執行後呈給被告。被告長期接受這種擁戴，彷彿組織內的帝王或受到敬仰的宗教人物。

被告表示自己是公眾人物，不曾走出飯店、車輛或住商公寓，而是指示員工買來菸酒、點心和麵包，喜歡的品項都有明確要求。被告始終認為這理所當然，而被告的親信也會宣稱「能輔佐被告這樣的人物是你們的榮幸」，強迫員工犧牲自己，這個組織一點也不民主。

擔任被告的隨行祕書時，最痛苦的莫過於被告的表裡不一。被告一直很重視外界形象，強調民主、人權、性別議題與溝通，但即便在接觸自己的支持者時，他也會極度不耐煩，經常在下車前就皺起眉，邊嘆氣邊指示：「活動一定要在時間內結束」、「妳要適時看情況阻擋粉絲，別把我搞得更累」，即便在活動進行時，一個不高興就會傳「走吧」、「結束」等訊息給我，要我中斷活動。

儘管參加活動時在粉絲面前展現得平易近人，但只要離開活動現場，被告就會不耐煩地斥責我，怎麼隨行祕書連一個粉絲都沒辦法擋下。忠南發生水災那天，被告僅在現場慰問十多分鐘就急著結束，當晚則和平常經常聯繫的女性用餐，酒醉後還撫摸該女性的身體。

初次到國外出差時，被告甚至性侵了身為隨行祕書的我，之後也持續說出以女性為對象的性騷擾言語，或違反我意願的性接觸。每當被告有這些言行舉止時，儘管深感羞恥與痛苦，我卻無法輕易道出有關被告的事。被告總是要我保持緘默，洗腦般反覆說「妳是我的影子」、「不要加上妳的意見」、「妳是我的最後一道防線，要一直守護我」。

被告是掌握我生死大權的組織首長，是全世界都知道的政治人物，我很害怕把他的表裡不一說出來，在我身邊多數人，也都是直接或間接受被告影響的部屬。

擔任隨行祕書期間，我越來越疲憊，經過多次苦惱後，向周遭的人求救卻無人關注。即便我鼓起勇氣，向最瞭解被告真面目的前任隨行祕書道出被害事實，也沒有獲得實質幫助，只能繼續咬牙撐著。

看到徐志賢檢察官加入MeToo的報導，被告找我去並提起MeToo的事。那天他再次性侵了我。我絕望地想，看來我再也無法逃離他的魔掌了，整個人崩潰了。就在滿腦子都是尋死念頭時，我向總統大選時擔任被告隨行組長的前輩吐露自己的遭遇，聽到前輩願意幫助我，於是鼓起勇氣，決定提告。

進入被告的競選團隊前，我是一名契約職公務員，工作並不穩定，必須仰賴主管的評價延長契約。進入政治圈後，聽說了資歷查核才是往後能否繼續工作的唯一標準，而不是光靠履歷或經歷。儘管個人遭遇困難，但我靠工作支撐下來，全心埋首於工作。

我不是安熙正的粉絲，而是為了改變世界、打造為弱者發聲的世界才加入團隊。除了我，大部分成員也都不是安熙正的粉絲，而是懷著帶來改變的小小希望才加入。然而，組織內發生了被前輩巴頭、摟抱，前輩的嘴脣貼到自己臉上等各種暴力及性騷擾，卻沒人阻止，只一再聽到「政治圈本來就是這樣」、「就算碰到不合理也不能說出來，只能服從」。

對於生活重心只有工作的我來說，逃離職場無疑是自取滅亡，我連想都不敢想。面對被告的罪行，自然也不敢輕舉妄動。大家都問我，為什麼會默默被性侵多達四次，我倒是想問被告，為何在我說「沒事」之前，口口聲聲一直要我忘記，說自己再也不會那樣做，卻又再次侵犯我，甚至動用暴力。隔天對我說自己非常羞愧，對我很抱歉，要我忘記，接著又再次壓制已經作出最大拒絕表示的我，侵犯了我，接著要我只記住美麗的瑞士風景，其他的全忘掉。每一次我都希望能消除所有記憶，試著努力活下去，可是他又再次叫我去，對我施壓：「妳該不會要參加MeToo吧？」接著又性侵我……我想問被告，為什麼對我做出這種事多達四次？對我來說，這並不只有四次，而是每一次都以不同形式突然發生的性侵。

我不是一般的祕書，而是不分時間、地點和內容，二十四小時必須隨時待命的隨行祕書。知事要我幫忙跑腿買菸酒，甚至沒有告訴我是為什麼事找我，我也必須火速趕去。二月二十五日最後一次性侵時也一樣，我只能按照被告的指示前往住商公寓。

當時我雖然已經是政務祕書，仍是必須服從被告、身處知事影響圈內的部屬。只要知事找人，所有人都得去，我只是沒有負責貼身隨行罷了，依然必須管理被告的個人郵件、行程與交流人物，負責管理及建立安熙正的DB（資料庫）。雖然不是隨行祕書，但該行程的人事物都必須原封不動地整理成紀錄，並由知事親自下達指示。知事曾對我說：「妳是我的輔助記憶裝置。」我雖轉任政務祕書，工作內容卻與之前無異，依然同時負責公私領域、執行知事的吩咐。

那一天，因為當下不方便，我告訴知事自己有約，可能會很晚才到，要在他說的時間內抵達有困難，並委婉詢問是不是非去不可，表達了自己無法前往，但被告不斷催促我。在知事的強迫下，我只能前往。換作是其他祕書會有其他作法嗎？我認為其他祕書也會和我一樣。平時只要被告找我，就算正在和家人吃晚餐，我也會放下碗筷跑去，已經躺下準備睡覺了，只要被告的夫人聯絡我，說他們喝了酒，需要有人幫忙開車，我也要跑去當代駕。即便在三更半夜，來電全部轉接到我這邊，手機響個不停，我也必須接電話。要是不這麼做，隔天我就必須接受一連串的訓斥和怒氣轟炸。時時坐立不安地盯著手機，這就是我的日常。

參加MeToo後，許多人問我是不是很辛苦，但對我來說，最辛苦的並不是參加MeToo的三月五日。對我來說，最痛苦的是二月二十五日，知事最後一次犯罪那天。被告提起MeToo，像是道歉般說：「我知道對妳造成了傷害，還好嗎？對不起。」最後卻向我施壓，要求我不要參加MeToo，並在那天再度性侵我。我出現暈眩、頭痛、出血的症狀，簡直慘不忍睹。

被告認為已經堵住了我的嘴，接著在隔週三月五日上午泰然自若地發表了支持MeToo的立場。有別於其醜陋的真面目，被告在外頭大言不慚地談論民主、性別議題，以包裝的正面形象參政，簡直如怪物般可怕，我覺得自己好悲慘。

三月五日，我透過媒體將被告的犯行公諸於世，之後經歷了無數二度傷害的痛苦，那天也是我從被告的犯行中解放、擺脫地獄的感恩日。

法官，被告是個比任何人都清楚自己掌握的權力，以及自身存在具有何種威力的人，他利用這點來擁有自己想要的一切，自己想做的也會無條件去做。被告利用被推崇為下屆總統的權勢，剝削弱小之人的勞動力，進行性榨取，甚至摧毀他們的靈魂。實際上遭受其害的受害者均是被告底下的員工兼弱者，也都身處無法與被告力量抗衡的位置。被告比任何人都清楚那樣的階級順序，也一直都利用了這點。

說不定他有精神問題。他曾說：「我能和任何女人睡，所有女人都喜歡我」、「我很喜歡做愛」、「我有這麼帥嗎？」等，我曾忍不住想，這應該不是單純的王子病，而是未接受治療、無法隱藏不正常性需求的患者吧。

被告滿嘴民主，口口聲聲強調對女性、人權、性別議題的共鳴，必須剷除這個社會缺乏對話的現象，實際上被告卻是行使暴力、無法溝通的殘忍之人。

我也每次都告訴自己「不會的、不會的，應該只是失誤吧？應該是有點喝醉吧？以後應該不會那樣了吧？」但被告心知肚明，職員呼之即來，揮之即去，他隨時都能獲得想要的一切，就像教主般擁有許多擁護者，他自己一定非常清楚。

我從未把被告當成上司以外的人，更沒有和被告有過交流，把他當成異性看待或有過憧憬。即便在受到性侵當時，我也依據自己的位置做了最大程度的拒絕，這點被告比誰都清楚，我始終只把被告當成上司，而我認為被告也只把我當成幕僚、當成員工看待。

犯罪後，被告總是在道歉時以上司與部屬的角度來表達自身的愧疚：「很抱歉對年紀輕輕的妳做出這種事，是我太孤單、太痛苦了。很抱歉對我的員工做出這種羞愧的行為，我把妳當成信賴與依靠的可靠幕僚，再也不會那樣做了，讓我們拿出活力工作吧。」

我無法把被告對麻木躺著的我所做的行為全數說出來，被告對我犯罪時的那種恐懼，至今仍令我痛苦得打冷顫，羞恥萬分。我雖不想再次憶起，但假如我以員工身分再次回到那個時間及地點，想必我依然無法放聲大叫，也不敢逃出去。

沒有經歷過的人，總會輕易說出：「拒絕不就好了嗎？」但我震懾於被告那可怕的眼神，無法動彈，只能按照被告的吩咐做。當時的我應該怎麼做呢？放聲大叫，雙手使勁推開知事，想辦法開門跑出去，一邊在走廊上奔跑，一邊敲其他房門大叫：「知事性侵我！」要求對方幫我報警，把事情鬧大嗎？當權力關係中發生這種事時，有哪個受害者能做到呢？假如我不按照知事強迫我的去做，或者知事本人的意圖沒有得逞，我就無法逃離那裡，而且會遭遇更大的不幸或暴力。

我知道的政治人物，就只有知事和知事派的人。有些人在團隊服務一陣子後會到總統競選團隊、青瓦臺、知事的研究室或國會議員辦公室，要是他們所有人都在我身上烙下印記，我很害怕自己會無處可去。知事是僱用我的人，政務職的僱用與其他道廳公務員不同，加上在最重視資歷查核的政治圈，只要知事的一句話，我可能一輩子都會找不到工作，可能要持續靠推薦才能再次就業。只要知事的一句話，這些都可能發生，被告所擁有的即是這種影響力。

唯一能阻止被告龐大權力的方法，就是將其罪行公論化，讓世界知道我的存在，露面反而能保護我。儘管後來我的日常分崩離析，無論是我或家人都無法正常生活，但我不曉得除此之外，我還有什麼選擇。那是最好的選擇了，假如沒那樣做，也許此時我根本不可能站在這裡。

我真的很想阻止被告，也很希望不會再有受害者，最重要的是，我再也不想回到那地獄般的巢穴，靠近被告一步。有一次我對後輩說起被告的眼神，後來我當政務祕書後，那位後輩對我說：「我好像懂了姐姐當時說的，知事的眼神是什麼意思了，知事經常找我過去。」我原本想，當了政務祕書就等於擺脫知事的魔掌，這時才知道，自己經歷的痛苦、無法逃脫的枷鎖好像又會套在另一個人身上，我很害怕自己會成為一名旁觀者，更害怕那名受害者會是自己的後輩。我非阻止不可，我認為那是我最後要扮演的角色。我比任何人都清楚知事是什麼樣的人，所以我認為這件事非做不可。直到前一刻我仍在猶豫，最後才鼓起勇氣，將被告的罪行公諸於世。

儘管現在被告自知那是犯罪，卻沒有絲毫悔意。不過，受害者很顯然不是只有我一人，我知道這段時間還有好幾名藏起來的受害者，至今還有人畏懼被告的力量，不敢把事情說出來。我站在被安熙正性侵的受害者最前線，要是我倒下，這些人也會跟著受傷。

我一定要告訴在場的被告安熙正：「你的行為是錯誤的，你必須接受法律制裁。你是不折不扣的罪犯，你所握有的權力，不是讓你用來為非作歹。為了讓世界變得更加美麗、更有正義，能替弱者打造幸福的世界，我才會助你一臂之力，我並不是為了解決你的性需求才進入那個組織。我從來不曾把你當成男人看待，從頭到尾你都是上司，是上對下的垂直關係。被告根本是把我當成洩慾的工具。想必你比任何人都清楚，這不是雙方協議的關係或情感。趁現在向我和其他受害者賠罪，接受應有的制裁吧！」

我懇求法官及大韓民國司法部門，這個事件必須站在正義面前、站在法律面前。假如因為韓國社會的侷限性，導致這種犯罪無法受到應有的制裁，那麼被告，以及和被告同樣握有權勢之人，將會變成任誰都無法阻止的龐大怪物。與被告相同的怪物將不斷出現，逐漸蠶食大韓民國。這是來自力量差異的犯罪。打從一開始，被告和我就是雇主和員工的關係，平起平坐或能自由協議的說法根本就不成立。平時權威式的指示、隨時貼身輔佐，加上無縫接軌的公私行程，我從一開始就沒有身為公務員的勞動權，就連我的性自主權也遭到剝奪。如今社會所說的甲方橫行霸道，我就是深受其害的人，被告安熙正的行為，無疑是職權性侵。

審理此事件的法官，如今我丟了工作，也無處可去，唯一支撐我活下來的力量，就是希望撥亂反正。請您務必讓大家看見社會的正義，打破只要有權有勢的人，無論做什麼都會被饒恕的印象，懇請您做出公正的判決。

#三百三十三天後的有罪判決

前往瑞草洞聆聽二審判決時，雙腿不時沒力，幾度跌坐在地上。在地鐵搭手扶梯往上時，我頭暈目眩、無法站立，必須用雙手按住把手才能爬上樓，結果手指差點被機器夾到。可能是太過緊張，全身開始失去力氣，完全沒辦法走路，又靠又站了好幾次，最後總算抵達律師辦公室。一走進去，我便跌坐在地。

社運家和律師都在辦公室。輕微發抖、來回走動、轉來轉去、捏縐紙張、弄出窸窣聲，我一刻都沒辦法好好靜下來。其實前晚我完全沒睡，開庭是下午兩點半，我卻從凌晨兩點半就開始看時間，想著「現在剩下十二個小時了」。當然，倒數從更早之前就開始了，好幾天前我就食不下嚥、夜不成眠，無法打起精神，跟耗盡電力後停止運作的機器沒兩樣。停止的時刻為兩點半，我只存在於那一刻，在當時，其他時間都不具有意義。

社運家將一些主題輕鬆的書放在桌上，要我看看書、消除緊張。其中也有字很少的漫畫書，我翻了翻書，根本什麼都看不進去。我用手機不斷刷新頁面，看到接連出現預告宣判結果的報導，心臟撲通跳個不停，而且越來越劇烈，點擊畫面的手指怎樣都停不下來。當時我應該沒有罹患閱讀障礙，因為審判相關的消息我倒是看得一清二楚。

「時間差不多了，我去一趟法院。」律師說著起身，給我一個擁抱。「智恩小姐，我去去就回，判決結果一出來，我就會打給妳，一定要接電話。請別太擔心，一切都會順利的。」感受到律師的體溫後，狂跳不已的心臟也稍微平復，我覺得自己快哭了。拜託請讓律師一切順利，拜託請救救我，我的心臟好像快炸開了。這是熬了六個月才等到的判決，我真的很希望安熙正能被判有罪，但對於世界，我依然充滿了不信任。

律師離開後，只剩下我和社運家。不安逐漸擴大，我更焦慮地走來走去，無法安靜坐著。我不知道搜尋了多少回，以致手機剩下沒多少電力，必須充電。我在律師的書桌下尋找插座時，偶然看到了電腦畫面，驚訝的同時，又忍不住輕笑出聲。律師要我平心靜氣，不要搜尋報導，看點書，結果自己出門前卻在搜尋相關新聞。先前看到律師在敲鍵盤，還以為是在看審判資料、搜尋情報或做什麼嚴肅的正事，原來律師的心情也和我一樣啊，革命情感在我內心掀起一陣漣漪。

我蹲坐在地上，將充電器插進插座，依然不停滑手機看新聞。看到即時更新的報導，心臟彷彿在演奏加速的節奏般停不下來。報導持續更新，我將卷軸往下拉，卻看不到盡頭。我好緊張。

朋友說在附近，要來律師辦公室陪我。在宣判結果前看到朋友，讓我安心又感激。朋友也說自己昨天和今天的狀態和我如出一轍，社運家老師說自己也差不多。淚水在眼眶中打轉。在這個宣判日，我再次體會到，正因有這些令人感謝的人存在，我才能一路撐到此刻。辦公室的三人輪流站著又坐下，像三胞胎般以相同姿勢不停刷新手機畫面。

心臟又開始以斷奏的方式跳動，咚咚咚咚，我不能再動搖了。我決定放下手機。「我不要再看了。」社運家和朋友輪流閱讀新聞快報，聽起來就像連珠炮的饒舌般強烈。哦、哦、哦、喔、喔、喔！

受害者的陳述具有可信度，俄羅斯遊艇第一次強制猥褻有罪、俄羅斯被監督者姦淫有罪、第二次強制猥褻有罪、第三次強制猥褻有罪、第二次被監督者姦淫有罪……

我先打起精神，似乎會判有罪。我快速寫好對有罪判決的聲明、列印，以便傳達。接著，新聞快報終於出現了。

「判決被告有罪，處三年六個月有期徒刑。」

眼眶一陣發熱，臉頰也好燙，我緊緊咬住嘴脣，垂下頭，身體劇烈顫抖。太不敢置信了。我用衛生紙擦去淚水，但哭泣久久不止。律師打來了，我作夢也想不到會接到這通電話，卻迫切地希望能接到。因為我太想要了，擔心會得到否定的答案，才不敢痴心妄想。我生怕自己會埋怨、會失望，所以不敢貪求。

朋友說要去幫我傳達印好的立場發言再回來，我拜託朋友在回來的路上幫我買甜甜的冰可可，加上滿滿鮮奶油，我想吃甜的東西。這時，辦公室周遭的風景才開始映入我的眼簾。

宣判結果的記者會結束後，所有人齊聚一堂，他們全帶著許久未見或初次見到的笑臉。真的太好了，過去的辛苦總算換來有意義的回報。我一個一個與他們握手，給他們擁抱。我們一起享用晚餐，分享感想，吐露了這段時間以來的情緒、感謝、安慰、辛苦和收穫、偶有的失望、疲憊、一審結果的包袱等，度過充滿淚水的時光。長久累積的情緒使我們變得更加團結，還有在大喊「智恩啊，加油！」的同時，進行三審的心也更加堅定了。

雖然迷迷糊糊的，但這一年來，我第一次度過幸福的時光。這份喜悅，過了好久才在我體內沉澱下來。

二審宣判有罪聲明

衷心感謝法庭依據真相做出判斷，還有一起走過艱辛的律師、社運家老師，以及即便身受壓力，仍鼓起勇氣為真相作證的各位，在此致上深深敬意。

我終於能活在與安熙正切割的世界了。也許為期不長，但這對我來說代表徹底斷絕，從此告別被當成魔女架上火刑臺、置身烈火之中的痛苦時光。

如今，相較於如何揭開真相、如何對抗並戰勝謊言，我會花更多心思去思索要如何生活。還有，我想和無數必須艱辛地獨自證明的受害者，一起分享我所獲得的幫助。那些說出口後卻遭到忽視、無處宣洩，只能觀望我的審判的性暴力受害者，我想傳達自己微薄卻與你們同在的心意。

我會竭盡全力直到最後，請各位助我一臂之力，與我同行。

受害者金智恩

二〇一九・二・一

#另一個惡夢的開始

有一天，我站在小小的斑馬線上，儘管當時是紅燈，大家仍接連過了馬路。旁邊的小朋友問媽媽：「媽媽，現在是紅燈，大家為什麼過了馬路？」小朋友指出大人做錯了事，因為這和孩子學的不同。「如果闖紅燈，會受傷耶，為什麼大家這樣做呢？」大家不遵守應該遵守的規則，結果傷害了別人。孩子的提問，與我對這個世界的疑問有了交集。

就在我準備展開正常生活時，判決書全文卻被瘋傳。二月二日，恰好是二審宣判隔天。宣判後緊接著就是年假，我原以為什麼都不會發生，還打算好好度過久違的連假，卻突然看到一篇報導。那不是法庭上法官朗讀的精簡版，而是判決書全文的獨家報導[26]。他們怎麼弄到手的？為了避免侵

26 出處：〈安熙正親信迴避性暴力問題，法律認定為『習得性無助』〉（《SBS新聞》，二〇一九．二．二）

害私生活和二度傷害，那場審判才全程不公開，判決書全文也基於相同理由未公開。

透過新聞媒體曝光的判決書全文使用真實姓名，記載了所有個人資料，也沒有保護證人。這很嚴重，大家在暗地裡互相分享這份判決書，用「我只給你看喔」的方式偷偷流傳。就這樣，我的判決書不只傳到媒體，也在一般人之間流傳，最後來到熟人手中。也傳到了我手中。

我希望等一切結束，收拾好心情，再正式提出抗議。我很想問，為什麼連受害者都拿不到的判決書全文，卻能被他人獨家收購？為什麼沒有做任何個資保護措施就公開？為什麼法院沒有經過正式程序，就把判決書交給外界？為什麼給了真實姓名的版本？為什麼性暴力事件的判決書能被收購外流？如此大搖大擺地寫成報導卻沒人阻止，沒人考慮受害者可能遭受的侮辱和痛苦。

二月十三日，被告的夫人上傳了一篇文章。我就連一天都無法為宣判有罪的結果感到安心。我再次有了「樂觀還太早」的念頭，倒不如悲觀看待一切，也許就能少點失望。但我無法放開希望的繩索，只有重新振作，為三審全力以赴，才是我唯一能做的。

#協議、戀人、外遇

根據統計，性暴力受害者會希望不要再經歷這種事，會希望多數性暴力受害者經歷的二度傷害，以及有關性暴力傷害的偏見能夠消失。

「你認為性暴力傷害與其他犯罪傷害有不同之處嗎？」聽到這個問題，有八成的人認為「和其他犯罪有別[27]」，最大理由在於「受害者很容易被指責」。

被問到「是否曾經感覺身邊的人對性暴力受害的想法？」，前幾名的答案是「就算把受害事實告訴身邊的人，對自己也沒好處」、「公開自己遭受性暴力是很羞愧的事」、「曾遭受性暴力將會成為一輩子無法抹滅的傷口」。

27 出處：《沒有我們所說的受害者》，韓國性暴力諮商所附設研究所「迴響」，二〇一五。

關於會對性暴力心理陰影造成影響的因素，受害者回答中最多人選擇「親朋好友的反應」。周遭人說「是你有問題才會發生那種事」，把原因歸咎於受害者，在應該接受幫助時，別說是安慰，對方還因此不爽，導致受害者再次受傷。被撒鹽的傷口難以癒合，自然會留下很大的疤痕。

相反的，也有人在幫助下克服了二度傷害。我親身體驗到，當我說出發生什麼事，身邊的人願意相信我，與我站在同一陣線，不對我做任何批判，只全然相信、支持與信賴時，能為性暴力受害者帶來最大的力量。告訴受害者他沒有錯，不該被責難，只要一句話，就能讓蜷縮在黑暗中的性暴力受害者走出來。

暗中算計、攻擊我的那些人，就是使用了前者的目光。根據近期研究主要行為主體的訪談分析結果[28]，加害者將性犯罪事件定義為「雙方協議的關係」、「外遇」，將「法律問題」轉換為「道德問題」，引發「狐狸精」的討論，把受害者塑造成導致家庭破裂的「加害者」，安熙正與其身邊的人才是「受害者」的形象。他們也會重新解讀女性主義者對「性自主權」的討論，採取將性暴力的責任轉嫁給倖存者的策略，將性暴力的問題「個人化」。

這並不是單一加害者特有的防禦策略，加害者的家人——尤其是配偶，都積極參與了二度加害[29]。韓國社會認為只要和家庭有關就必須有情有義，女性名聲依舊取決於家庭的維持，使得生母出面要求遭受親族性暴力的受害者保持沉默的事例屢見不鮮。不僅是對奉獻光陰、要將被告打造成總統的人，對被告的家人來說，我也是他們的死對頭。

平時安熙正就會吩咐我準備夫人的行程，不要讓夫人有任何不便。儘管在公館協助夫人的人已經夠多了，卻仍因為我是祕書室女職員而被賦予額外工作。公館有幫夫人做菜、洗燙衣物、清掃等家務事的常駐女職員，打掃公館和雜務的男職員，負責在公館招待賓客與購買生活用品、零食、替安熙正處理銀行業務的女職員、被聘來輪流管理公館的警衛（三名），除此之外，祕書室每天會替安熙正擦拭皮鞋、清洗西裝，再開車送到公館，需要的物品也在收到指示當下就立刻準備好呈上。不只公館的正式賓客，替知事夫婦的私人賓客準備宴席與禮物時，也都動用了道廳的預算和人力。

隸屬祕書室的我也經常收到安熙正夫人隨行祕書的指示。夫人有地方行程或和朋友聚會時，有時我也必須隨行。這不是公務，但因為知事指示，所以非做不可。安熙正夫人也隨時會下達指示，要求我仔細報告安熙正的行程，也經常要我跑腿打雜。先前也有過已經由好幾名職員負責夫人事務，但仍由我陪夫人去巨濟島的情況。

安熙正夫人知道我很辛苦，有時會把送到公館的禮物轉贈給我，彼此也常互相問候。假如八月真的發生了夫人主張、有如狗血電視劇般「闖入夫妻寢室事件」，之後還可能發生這些事嗎？

28 出處：《MeToo運動中「客觀真相」的兩難》，金孝英，延世大學，二〇一九。
29 出處：〈她並沒有愛上妳的丈夫〉，《IZE》，權金炫榮，二〇一九．三．四。

將受害者塑造成怪人，同樣是性暴力加害者經常使用的方式。因為審理過程不公開，我的陳述也沒有向媒體公開。特別是導致我被塑造成「怪女人」那天的實際情形，在法庭獲得澄清。符合我陳述的證據被整理成文字紀錄提出，被告安熙正的陳述也和我的陳述及文字紀錄吻合。最重要的是，法庭判斷，這所有狀況都與公訴事實提出的犯罪事件無關，不會對陳述可信度造成任何影響。儘管如此，「將我塑造成怪人」的偽證力量卻非常強大。平時會跑進別人寢室、誘惑有婦之夫的怪女人，這些主張猶如關鍵情報、核心真相般，在部分人之間成為膾炙人口的話題。

策略目的很明確，就是採取「沒辦法反駁訊息，就改成攻擊傳遞訊息的人」的方式。就像「這女人是這樣的人，所以不能相信她」、「因為她曾有哪些過去，所以她不會是受害者」，我所繳交的證據和毫不相干的陳述，都使我說的話變得毫無效力。

最早被問及的「受害者過往歷史」，在國外也是被禁止的問題。近期大法院性別法研究會的調查指出，提及受害者平時品行是不恰當的[30]，更別說是不實內容了。當時把這種假消息當成特別新聞，不經考證就報導的部分媒體非常低劣，也令我痛苦。我，並不是狗血電視劇主角。

#相關關鍵詞：安熙正、金智恩訊息

「因為沒辦法拉弓射雞，所以故意打偏，其他員工也一樣。」

韓國某大企業會長在工作坊上交給員工一把弓，要他朝活生生的雞射箭。見員工個個猶豫再三，只做個樣子，會長大發雷霆，親自拿了一把日本刀過來。除了這種利用權勢強迫他人、施暴等甲方惡霸的情形也引起爭議。受害者（員工）聲稱：「我們沒辦法拒絕。」

二〇一五年，一位教授被檢舉以人糞餵食學生，做出暴行、監禁等殘酷且荒誕的行為。在社會上，從以前就有很多在「威權」面前忍氣吞聲的人，而這種威權壓迫依舊天天上演。

無論是主管、教授、前輩，根據力的作用原理，作用與反作用力同時在運作的正是威權。威權

30 出處：〈十位法官中有九名，曾對性犯罪受害者有不當證人審問〉，《韓民族》，二〇一九．四．十。

可怕之處在於即便沒有聽到威脅，身體也會自動變得畏縮。威權是能壓倒他人想法的有形或無形力量，它不只包括暴行或脅迫，也包含了利用社會、經濟地位來遏制思想。

我們在生活中已經有很多相關經驗，就算沒有明說也知道這種力量的存在，而且此時仍感受、經歷著。有時是因職等，有時是因性別，有時是因年紀，有時又是因組織或財物……威權始終存在於你我的日常中。面對這種威權，經常只能莫可奈何地順從與忍耐。儘管如此，個人仍會留在原處，毫不停歇地繼續完成自己的工作或學業。我們並不會因為威權存在，就立即中止學業或辭掉工作。這是威權的實際情形，也是生活的現實。

我曾身處威權之下，是安熙正的隨行祕書、部屬，也在其權力範圍內與守護安熙正威權的人同處一個辦公空間。和我共事的多半是為了將安熙正打造成總統，許久前就聚在一起的人。

向媒體公開說是我傳的訊息的人，就是隸屬這個團體的安熙正親信。這些人在我擔任隨行祕書後，依然像在監視我般逐一指正我的語氣、用詞、態度，甚至情緒。安熙正組織內也有派系，最親近的心腹之間存在著拉攏、聲譽與忠誠鬥爭。其實我連要參一腳都沒辦法，我位於組織威權最底層，不能得罪任何人，也不能犯任何錯。根據組織內的力學，我必須伏地爬行。當時的我，始終開啟著生存本能的開關。

在這種生計型腦力勞動成為日常的職場中，向媒體公開期間互傳的訊息是一件很丟人的事，再加上那也不是經正式調查機關認證的資料。對話脈絡與內容全數刪去，只有部分被惡意剪輯。有些資料根本沒有出現姓名，甚至看起來就像是被修正後的文書檔案。

安熙正的律師雖然給我看了向媒體公開的訊息，但我說「訊息是傳給安熙正的親信，光看這樣我也無法確認是什麼意思，請讓我看全文」後就沒下文了。不僅手機訊息，審判中頻頻出現不明意旨的刺探，或跳過不談、不具任何意義的訊息、我傳給安熙正親信的訊息……我頭昏腦脹地一一反駁了，網路上卻說得好像那是在審判時被排除在外、極為重要的資料。分享該訊息的部分人士甚至對身邊的人提過，假如這起事件的真相傳出去，自己就必須去吃牢飯了。

「在旁輔佐的感覺怎麼樣？很失望吧？」在我擔任隨行祕書時，某位幕僚這麼問我，我也必須說出預設的答案，稱頌安熙正一番，還要加上對前輩的稱讚。因為我聽說在那位前輩面前必須說好聽話。

那位前輩經常對道廳與祕書室長的行程有很多不滿，瑞士的出差行程恰好是由前輩全權規劃，他問我意見。由於前輩平時就經常針對緊湊行程提出意見，因此我表示「出差時有休息時間還不錯」，為了迎合前輩使用了「放鬆」這個字眼，卻被惡意扭曲。安熙正的組織中有記者出身的人物和講稿文膽，都是很懂得撰文說故事、應付媒體的人。

他們擅自替訊息編故事，推測壓根就沒發生的事，說得好像是什麼證據似的，把我傳給組織中長我一歲前輩的訊息胡亂拼貼，寫得好像是我傳給安熙正的訊息，媒體則原封不動地照抄，還加上「安熙正哥哥」的標題發出錯誤報導。現在雖然已經修正新聞標題，擴散的報導卻覆水難收，早被分享到部落格、Youtube、Twitter，並經過二次加工。

參加MeToo後，某媒體把我執行隨行工作時的樣子當成最後一次被性侵當天的監視器畫面，畫上一個大紅圈後播出。「看她抬頭挺胸的樣子，真的是受害者嗎？」我因此受到無數抨擊。真懷疑那個如監視器般的畫面究竟是如何落入該媒體手中。在那之後過了近兩年，該媒體卻沒有任何道歉或修正，而那個被框上紅圈的監視器截圖，則如一道鮮紅的傷痕般留在網路上。

這種媒體戰使得「性暴力」的事實消失了，只有「外遇」的煽動性小說四處流傳。為了證明安熙正的性暴力犯罪，另有關鍵證據，這些已在法庭當成證據處理，也在判決書中引用，最後才會做出有罪判決。可是庭審非公開，等到「外遇說」成功後，他們便乘勝追擊，進一步攻擊司法部門。他們對合理公正的判決提出疑問，指責二審法庭，部分媒體也指稱「相同的案件，不同的判決」、「只要是受害者說的就照單全收的性認知感受性」的報導。扣除追加證據、追加證人陳述和被告的陳述，從各方面來看，一審與二審是截然不同的審判，只有被提出公訴的犯罪事實相同而已。

據說在性暴力犯罪中，加害者，尤其是加害者家屬、同事的二度加害，都是採取類似手法。在一般審理過程中，受害者被肉搜，包括身分、社交網路帳號、通訊軟體帳號等被公開，都不足為奇，這被稱為加害者的第一次作戰。不過我的案例無論就嚴重性或傷害程度，都足以被列為二度傷害的代表案例。成為課程主題或研究案例，真不知是該笑還是該哭，但我盼望透過我的案例，能打造一個不再有相同受害者出現的世界。

#永不停止的獵巫

安熙正的夫人閔珠瑗又在臉書上放假消息，這已經是第三次了，在蠻不講理的主張面前，法律和制度不具任何力量，這世界好像從一開始就無法戰勝無知的強者，我看不到這件事的終點。

MeToo初期，八卦滿天飛。陰謀論、青瓦臺企劃說、政黨唆使說、國會議員黨內提名說、女性團體共謀說，其中還包括了我的家人與政黨有關的說法。儘管時間久了，這些八卦也跟著消失。這次卻四處流傳著外遇說，不只是八卦的水準，而是透過公開的文章。好痛苦，時間令人疲憊，秒針也讓人沉重。雖然很想回應，但我認為真相必須在法庭上查明，我不想變得和他們一樣。

謊言的天敵是真相，就算謊言擾亂了世界，我仍堅信真相會一口一口吞噬那些如害蟲般的謊言。儘管過程緩慢且痛苦，但我只能帶著真相會戰勝一切的信念，暗自祈禱。

不實主張蠶食網路版面，我透過網路新聞視窗面對那些謊言。我徹夜沒睡，雙手緊緊抓住將化作散沙的細胞。凌晨兩點左右，忍耐多時的淚水終於潰堤。到了早上，就會有更多未經考證、更天花亂墜的假新聞出現，想到父母會為我擔憂就很煎熬。我這個女兒為什麼這麼沒出息？獵巫不見停止，而我依舊是人們拿在手上把玩的獵物。

讀完女性運動家為我加油所寫的臉書文章後，我全身發冷。看到其他加害者家屬折磨性暴力受害者的案例，身體不斷發抖，也想起參加協助性暴力受害者的義工活動時，一同分享受害經歷，陪他們一起痛苦的經驗。家人、加害者同事、周遭人的二度加害經常發生，他們與加害者狼狽為奸，折磨受害者，犯下其他罪行，這就是比起反省與正義，始終更看重「關係」的韓國社會。

安熙正夫人的不實文章對我來說等同「暴力犯罪」，我就像被狠狠揍了一頓般疼痛不已，接著全身痠痛，嘴唇起了水泡，頭也像是被鈍器擊中似的眼冒金星、頭暈目眩。下巴與頸部連結的肌肉緊緊糾結在一起，讓我無法呼吸，雖然沒有出門，卻像嚴冬受寒般出現感冒症狀，噴嚏打個不停。無論是身體和精神狀況都變得不正常。

將常備藥一口氣塞進嘴裡後，除了躺在空間狹小又把窗簾拉上的家裡，我什麼都不能做。儘管活下來是我必須達成的任務，腦中卻不斷出現生不如死的念頭。網路的假新聞下方，又有許多網友開始留惡意留言了。

「金智恩躲在女性團體的後頭，什麼都不說。」

「惡女！」

「把她丟進監獄吧！」

好殘忍。我根本不知道留言的人長什麼樣子，也沒對他們做什麼，卻因他們指尖打出的幾行字逐漸死去。殘酷的留言猶如強迫倒入我口中的漂白劑。實在太委屈了，持續刺傷我身體的那幾句凶器，正殘忍地殺害我和家人。你們的行為等同於殺人，不要胡亂揮刀，這是在犯罪，我並沒有愧對你們，拜託住手吧。假如加害者和其家屬的人生很重要，那你們為什麼就沒想到，受害者和受害者家屬的人生也很重要？受害者和受害者家屬的人生因加害者犯的罪而扭曲，從此變成黑白，難道不該被考慮到嗎？難道只能忍氣吞聲地過日子嗎？

加害者家屬把憤怒轉移到受害者身上，彷彿自己才是最大受害者，試圖進行一場受害者競爭。媒體就更殘忍了，把受害者和加害者的臉擺在一起，刊登在報導上，似乎在較量著誰能對受害者更加殘忍。而我依然是魔女，被綁在火刑臺上，火苗遲遲沒有熄滅。即便三審結束，我依然會過著隨時反覆被強制召喚到火刑臺的生活吧。我很害怕，好想斬斷這個枷鎖。

儘管我對擔心我的人說自己沒事，但其實我一點也不好，雖想開口解釋卻又做不到。我在檢方面前、在法院做了無數次陳述，說詞也被認定為具真實性，大家依然反覆提出相同問題，這些問題似乎會一再出現，直到我死為止。

安熙正夫人的文章猶如嚴密的全面攻擊令，當總統大選團隊出現危機時，大家就會鎖定座標，有條不紊地展開全面進攻。儘管一開始我就有所覺悟，但無論怎麼抵抗，最後還是回到了原點。

#與我並肩作戰的人，讓我撐了下來

遭受性暴力後，最痛苦的現實莫過於無人相助。當我艱辛吐露事實時，其實只需要一句「妳說得對，我會幫妳」。

第一次被性侵，我好不容易開口對周遭的人說，但沒有人幫助我遏止這件事再次發生。我逐漸變得沉默順從，就像一張泡了水的紙，認為永遠不會有人和我同一陣線。當我最後一次遭到性侵，前輩終於忍無可忍，說了「我幫妳」，我也才得以呼吸，掙脫這種無力感。

MeToo後，有人組成「與金智恩同行之人」，並於二〇一八年三月八日透過媒體發表聲明。我完全沒想到會發生這種事，當時就連時間流逝本身都令我難受，手機完全是關機狀態，沒接到任何消息。我在一無所知的狀態下透過媒體看到聲明，目瞪口呆，對於成員有多少人、是誰完全沒有頭緒，但他們願意回應我的吶喊，那份心意和勇氣我感激不已。後來我才得知，是競選團隊中共事的朋友擔任了這個組織的核心人物，我開始擔心發表聲明的人的安危。

「與金智恩同行之人」第一次聲明全文

我們是與遭受安熙正多次性侵的受害者金智恩小姐，一同在競選團隊共事的人。

我們相信安熙正提出的民主與人權主張，因而加入他的陣營，但經過這次事件，對安熙正的信任已消失殆盡，我們無法饒恕他在臺前大肆談論MeToo，背後卻對他人施加性暴力的雙重標準。

金智恩小姐接受訪談後，團隊陷入漫長的沉默，沒有採取任何措施。對此事有責任的每一個人，也沒有支持金智恩小姐的勇氣，或說出任何反省的隻字片語。就在昨晚，新聞報導了第二位受害者的消息。這種心情，就連悲慘二字都無法形容。眼睜睜看著漫長的沉默，為了金智恩小姐與第二位受害者，以及可能還有的其他受害者，我們領悟到必須有所行動。

以這次事件為契機，我們得以分享團隊成員各自的經驗，像是去KTV時被某人拉去摟抱、有人把手擱在我們腰間，或要求我們唱歌跳舞，這些都很常見。甚至被前輩打頭或挨巴掌時，也只當作是前輩喝醉了才這樣。蔓延的性暴力和物理暴力，並不是「不知怎地就發生在我身上的小事」，而是在「組織環境」中的普遍現象，儘管如此，我們仍盼望團隊能有大好前程，不曾提出異議，直到現在才幡然醒悟。

我們試著思考，為什麼不曾正式提出異議。民主雖是安熙正的代表口號，團隊卻一點都不民主。「你們是來打造總統的」，儘管當時認為這句話是為了讓我們感到自豪，但就結果來看，它卻造就了我們對安熙正的盲從。實際提出批判卻遭漠視的氛圍中，要和前輩有民主的溝通根本不可能。我們也不禁產生罪惡感，自己是否也在容忍中無形助長了這種文化。

藉由分享這些經驗，我們理解了金智恩小姐要參加 #MeToo 有多困難，這段時間經歷的一切又有多痛苦。如今，我們以 #WithYou 來回應金智恩小姐，並且要求以下事項：

第一，請停止對受害者金智恩小姐的二度傷害。「為什麼沒辦法拒絕？」、「是不是妳平時言行舉止就有問題？」、「是不是有什麼政治目的或背後有靠山？」這類問題是將責任轉嫁給受害者，也是模糊事件本質的行為。

第二，請民主黨查明「兩人是雙方協議的關係」之主張，是受祕書室的何人指示，並根據黨綱與黨規，以性暴力幫兇進行懲戒。

第三，針對性侵慣犯安熙正進行性犯罪嫌疑調查的過程中，包含民主黨在內的所有政黨均積極地提供支援，為了防止政治圈內濫用職權行使性暴力，請給予跨黨派的協助，制定具體方案。

金智恩小姐曾喊話，「希望各位國民能夠守護我」，她是感受到「可能會被消失」的恐懼才這麼說。我們將會帶頭守護金智恩小姐，為了進行光明磊落的調查與審判，防止受害者與其周遭的人遭受二度傷害，我們將助金智恩小姐一臂之力。為此，我們正在收集二度傷害的相關內容，懇請各位提供情報。

最後，我們想告訴金智恩小姐，往後妳不再是一個人，我們會陪伴在妳身邊。假如沒有妳鼓起勇氣告白，或許我們也會成為受害者。我們將會陪伴此時因恐懼而發抖的所有受害者，一起同行。

過去與現在都與金智恩同行的人

二〇一八・三・八

這些人透過節目聽到了我的遭遇，還有節目播出當晚，安熙正在個人臉書上承認「兩人並非雙方協議的關係」時，他們就決定與我站同一陣線。他們都是為了打造更美好的世界，加入安熙正團隊當志工的青年。在團隊時親眼見證候選人與祕書間絕不可能平起平坐的狀況，也很了解我平常就過得很痛苦，才會賭上自己的人生，參與這場艱辛的抗爭，站出來對抗龐大的權力。

即便處在混亂與困難中，這些為我發聲的人依然不離不棄地待在我身旁，悲傷時陪我一起哭泣，也為過去沒有伸出援手而自責。他們接受檢察官冗長的調查，也替我找出二度加害的安熙正親信。過程中，他們受到各種有形無形的壓迫與威脅。安熙正的支持者把幫助我的人的姓名與照片放上網大肆毀謗，甚至聯繫他們任職的公司。後來，二度加害的部分人士被認定有罪，處以罰金。

知道我的遭遇後，第一個說要幫助我的前輩持續受到脅迫，揹負了「明明可以掩蓋，卻讓全世界知道這起事件」的埋怨。政治圈的議員經常慫恿他辭掉工作，名字也被巧妙地改掉，說他是陰謀論的幕後人物，導致他變得家喻戶曉。後來才得知，一直在為研習做準備的前輩，原本預定三月前往美國，最後為了作證放棄了研習機會。

還有另一位前輩，因為有人接近子女的幼托機構而不得不報警。聽說安熙正的部分親信成群結黨，在檢察署外等待其他關係人做完陳述，要關係人整理、提交審問內容，甚至控告作證的後輩作偽證。與我同行的幾個人只因說出了事實，直到現在官司結束了，依然深受其害。

雖然很想逐一列舉這些人經歷的痛苦並表達感謝，但書面上無法全數列出。所有人都承受了極大壓力，儘管大家後來已逐漸疲乏，但仍緊抓著真相不放，互相扶持。因為有他們和我一起，才得以支撐到現在。與我同甘共苦的他們至今仍在我身邊，是我最感激也最訝異的事。

部分專家表示，受害者身邊有同儕朋友是非常特殊的現象，一般看到的受害者，通常都是獨自一人。

#我相信我認識的金智恩

也有一些意想不到的人出手相助，像是學生時代的老友、高中老師、過去的同事和學生、父母的友人……在歲月的追趕下失聯的人們，透過社交平臺、共同友人、幫助我的團體或律師的公開地址和我聯繫，他們為我擔憂，並傳來了為我加油的訊息。

至少認識我的人知道我是什麼樣的人。他們說，若不是情非得已，我怎麼會露臉，一定是獨自痛苦得受不了了，才會站出來。他們也很愧疚地問我，過去一個人該有多辛苦，以人對待人的方式安慰我、擁抱我。

「我所認識的金智恩不是這種人，她是我的朋友。」果斷說出這些話並站在我這邊的朋友；聽到「她父親是地方知名人士，也是地區政治圈組織委員長」的不實謠傳時，反駁「那個姐姐家境根本不好，每天都吃罐頭，常常戴同一頂帽子」，幫我澄清謊言的後輩；對我說：「累的時候隨時說一聲。我能喊妳一聲『智恩』嗎？」的學生時代班導師；因為聯繫不上我而擔心，於是寫信給律師的前職場後輩；擔心我沒辦法出門，一個人失魂落魄，於是傳歌曲給我打氣，或寄小菜給我，要我一定要好好吃飯的前輩和同事……

我躲在小小的房間，用棉被蓋住全身，一邊放聲大哭，一邊聽著歌，看著熟人的訊息和信件，好不容易才有了力氣。儘管每天都很煎熬，但我對身邊有這些人的存在心存感謝，咬牙撐了下來。

他們擔心我發生什麼事，所以跟我聯絡，也說：「我們很了解金智恩，所以完全相信她。」透過他們，我才知道擁抱一個人是多麼溫暖的一件事。儘管過去因埋首工作而暫時忘了他們，但我的身邊有家人，也有朋友。

同事的請願書

在此收錄當時同事寄來的部分文章。

金智恩比任何人都有責任感，她總是比大家更早上班、更晚下班，從打掃辦公室到替前輩跑腿都不推辭，工作認真，做事細心，前輩經常讚譽有加，也因此在團隊辦公室內，金智恩的綽號是「勤奮的代名詞」、「工作的奴隸」。

聽到金智恩被拔擢為安熙正隨行祕書的消息時，包含我在內的所有同事都難掩訝異。不只因為安熙正從來沒有聘用女性隨行祕書的前例，而且撇開性別不談，我也不認為金智恩適合當隨行祕書。隨行祕書雖然需要細心勤奮的特質，但基本上要主導知事的關係網絡，並懂得以自身判斷力引導知事的道政公務，因此需要許多人脈與經驗，金智恩卻完全沒有隨行方面的經驗。

那時我想，這可能只是我們的偏見，加上當時對安熙正有很強的信賴感，因此帶著「知事肯定是有什麼想法吧」的念頭向金智恩道賀。就連金智恩本人也不太清楚自己為什麼會被拔擢為隨行祕書，只表達了「既然被拔擢，就好好輔佐知事」的決心。我還曾經購買隨行時需要的各種用具，稱之為「隨行綜合禮盒」送給金智恩。因此，金智恩擔任隨行祕書並非出於自願，單純是被忠南知事拔擢，才成為隨行祕書。

我和金智恩一直保持聯繫，偶爾她會呈現不穩定的邊緣狀態，但當我詢問是什麼讓她痛苦時，她總是省略關鍵內容不說，我只當她沒辦法透露道知事工作內容，也就不再追問，並且經常安慰她，作夢也沒想到會是遭受性暴力。但這種情況持續七、八個月後，我也開始疲乏，不再安慰金智恩。

我曾用這樣的語氣對金智恩說：「姐姐這麼軟弱，要怎麼把知事打造成總統？清醒點，就算落淚，也要邊流淚邊工作。」我認為，金智恩遭受性暴力後，卻連最親近的我都沒辦法實話實說，是因為連我都是對安熙正懷有強烈信任的熱血支持者。

——K

＊

金智恩平時開朗又心思纖細，被競選辦公室的年輕人開玩笑時，她也只是一笑置之，基本上是個沒辦法兇別人的人。二〇一七年十二月十五日，我在〇〇研究室送年會遇見擔任安熙正隨行祕書的金智恩，當時見她一臉憔悴，還打趣地說：「妳的稚氣感都不見了，現在完全是個大人了。」當時她也只是笑笑的什麼都沒說。那樣的金智恩，卻在全國民收看的新聞中露臉，親口說出真相。這份決心，足見金智恩經歷的痛苦及苦惱的程度。經過再三猶豫，克服恐懼的她鼓起了勇氣，懇請法官以公正判決回應這份勇氣。

——A

＊

請願人和受害者金智恩是同在安熙正總統競選團隊中的志工。同在一個辦公室工作時，受害者金智恩總是過度投入工作，把自己的健康和生活全奉獻給工作，我不止一次看到她揉著充血的雙眼上班的樣子。為她擔憂，她總是回答：「不是本來就該比組長更早上班，比組長晚回家嗎？」每天都當那個最早來上班、最晚回家的人。此外，她每天早上會自動自發地把所有組長座位上的垃圾桶清空，甚至當組長的兒子偶爾在週末來玩時，還會替他準備點心。為了週末加班而筋疲力竭的同事，金智恩買了花分送給每一個人，並說：「看到花後，心情不是會很好嗎？」受害者連與自己負責的宣傳工作無關的瑣事都一手包辦，卻不曾喊一聲累，甚至還會先照顧、激勵同事，是個很認真又善良的同事。

請願人同時也想藉由團隊工作經驗澄清，受害者的傳聞並非屬實。請願人是在前輩推薦下和團隊搭上線、寄出履歷，再經由面試進入團隊。儘管競選團隊的運作時間非常短暫，但不是志工有心就會將其納為成員。儘管沒有正式招募程序，但唯有推薦人或本人自行證明能力，才可能成為團隊一員。因此，說金智恩是私生飯才會進入團隊的說法是毫無說服力的傳聞。

＊

我是在五月大選期間認識金智恩小姐，雖然認識的時間很短暫，但我們一起在全國宣傳造勢，至今已認識一年。儘管年齡不同，但金智恩小姐就像大姐姐般照顧弟妹，時時笑臉迎人，成為大家的堅實支柱，但就在今年初，金智恩小姐卻以從未見到的沉重表情出現在JTBC《新聞室》。

我的淚水無法停止。初次在造勢場合見面的情景至今歷歷在目，當時我們隸屬的造勢團是共同民主黨文在寅的團隊。那是結束黨內初選、文在寅成為黨內提名候選人時，金智恩是從安熙正團隊來的。

當時我對金智恩小姐問的第一個問題是：「我記得妳是公務員，怎麼跑來這裡？」我很好奇她辭掉鐵飯碗來這裡的原因，金智恩小姐回答：「希望安熙正這麼富有正義感的人能改變我們的國家。」她既沒有要成為議員的野心，也不求出人頭地，更令我吃驚。

＊

受害者為了實現安熙正的信念與價值，努力成為他的得力助手。

本請願人與受害者金智恩小姐是在二〇一七年四月，競選團隊中的青年溝通空間「Young Man」認識。金智恩小姐平時就很照顧年輕人，和大家打成一片，甚至率先向不認識任何人的我伸出手，是謙和有禮、非常體貼的人。

二〇一七年五月，競選結束，團隊舉行解散典禮後，我和「Young Man」一起去了濟州島的工作坊。晚上，工作坊舉辦了一個讓年輕人分享夢想、希望、未來計畫的活動，我記得當時金智恩小姐說：「我認同知事追求的價值和想法，因此與其同行。儘管現在沒有工作也沒有未來，但我對自己能參與改變社會的行列感到自豪。雖然目前還沒有未來計畫，但我想以直接與間接的方式，幫助知事打造他想實現的世界。」由此可見，金智恩小姐對知事的政治理念、其哲學與價值深表認同，想成為其得力助手，助其實踐的意志也非常強烈（……）我無法同意部分支持者指控金智恩小姐如「私生飯」般尾隨安熙正的說法，這嚴重扭曲了事實。

——H

＊

我第一次見到金智恩小姐，是在二〇一七年一月左右，被告安熙正先生隸屬的共同民主黨內總統初選團隊。（略）

在我印象中，金智恩小姐是責任感強、熱情、不想對別人造成傷害，也很喜歡接觸人群的人。選舉期間，只要是自己負責的工作，無論多晚都必定完成。在忠南道廳時，即便基於各種原因而遭到漠視，但她仍沒有半句怨言，默默把自己的工作做好。在我們交流時，她也總是用開朗的笑容鼓勵他人，帶來力量。

——I

＊

我所認識的金智恩，具有很少見的溫婉與溫暖性格，總是優先考慮、照顧身邊的人。她並不期待回報，就算會吃虧，仍更在乎自己能幫助到別人。她對工作和職場也有很濃厚的情感，可看出她對於能在需要自己的地方發揮所長感到滿足。

前年聽到金智恩小姐辭去工作，到被告的團隊時，我也認為這個決定很像她的作風。從事幫助他人、為其塑造形象的工作時，她要比任何人都具有熱情，因此即便是在陌生的環境，我相信她也必能勝任。

——J

＊

我看到的受害者金智恩，責任感要比任何人都強，對於交付的任務總是做到十全十美，心思纖細，時時優先站在他人立場思考、非常體貼（……）尤其是宣傳工作，受害者是足以獲得所有人認可的專家。由於她的工作表現十分亮眼，我從受害者身上獲得許多建議（……）有位前輩原本就很關注在宣傳工作嶄露頭角的受害者，在其推薦下，受害者因此進入被告的競選團隊，挑戰選舉造勢工作。

剛開始聽到受害者要在被告的競選團隊上班，我的擔憂大過一切。第一，受害者當時是中央部門契約職公務員，算是工作穩定，也在攻讀博士學位，但聽說大選團隊多半是無給職，當時也幾乎確定其他候選人會當選，所以在被告的競選團隊工作這件事成了隱憂。（略）

被告沒有在競選中勝出，團隊解散後，聽到他挖角受害者到自己任職的機關時，我也認為應該勸阻受害者。當時我非常苦惱，甚至曾向要好的其他職員吐露這件事，（……）但是看到受害者表達自己要到忠清南道工作的決心，我只能默默替她加油。此刻我為這個決定後悔莫及，恨不得捶打自己胸口，倘若時間能夠倒轉，我一定會阻止受害者去那裡。

——B

＊

最後，是學校前輩H傳給我的部分訊息。

智恩啊，剛才我在整理還沒收拾的搬家行李，發現一疊妳給我的名片。當時我怕難為情，所以什麼都沒說，但看著這些名片，我感到自豪又安心。我本來很擔心內心脆弱、乖巧的妳要怎麼在社會生存，不過，看到妳逐步找到適合自己且擅長的工作，真的很慶幸，也覺得妳很了不起。當然了，妳肯定也在過程中吃了很多苦，但妳還是辦到了，感覺就像妳和世界一起逐漸了解自己善良溫暖、溫柔婉約的品性、細膩縝密的心思和一切優點。

所以儘管我沒有收集名片的習慣，還是沒辦法丟掉妳的名片，妳的名片也讓我很有成就感。儘管現在每天都心力交瘁，但試著跳脫框架思考、好好撐下來吧，只要通過這項試煉，妳一定會笑著和善良的人在一起，互相珍愛彼此。衷心盼望妳能遇見那樣的自己。

#我們都是金智恩

只能對日常中遇見的各種權力沉默、退縮的人齊聚一堂。他們是個人，也是群體。他們齊聲說道：「這樣的我，另一個名字是『金智恩』。」化身為「平凡的金智恩」，團結一心。

二〇一八年七月十四日到十五日，一共二十四小時，有九十二名智恩和一百一十二位智恩的朋友齊聚一堂。他們寫下團結的信件，製作「智恩寫給智恩」、「智恩的朋友」海報，並貼在願意參與活動的社區書店內。以下是部分內容：

> 對韓國女性來說，身邊一定會有個叫這個名字的朋友，那就是「智恩」。而有一位金智恩因為控訴自己遭受性暴力，此時深受二度傷害之苦。無數個智恩無法不捫心自問，這難道是只發生在一個金智恩身上的事嗎？大韓民國的女性面對工作與生存，也意味著自己在無數時刻變成了金智恩。

二〇一八年十一月二十九日，一審公判準備日當天，有五十多名市民聚集在首爾高等法院前。

住在各地「平凡的金智恩召開了平凡的記者會」，現場朗讀把在大韓民國以「金智恩」之名生活的市民寄來的句子加以編寫的文章。在此引用部分文章：

我會持續關注的，因為這場審判也是我的事。遭受職場性騷擾卻無法辭職的我，就連MeToo都無法發聲的我，一審宣判無罪那天，仍必須忍受主管的性騷擾，把午餐硬吞下去的我，都是「平凡的金智恩」。

大韓民國的許多「女性」都以「金智恩」的樣貌生活著。性暴力根本應該被稱為日常暴力，在職場、家庭、戀人和學校中，只因身為女性，我們長期遭受歧視和暴力。身為一名在永無止境的恐懼中生活的女性，關注這場判決是天經地義的事。（略）

在日常中生存的我，將會在自己的位置上發聲。我將挺身面對工作空間的性別歧視與性暴力，提出尖銳的指責。假如有同事無法鼓起勇氣，我將會思考如何給予協助，做出行動。在媒體人的倫理、法官倫理、市民倫理瓦解的社會中，我將會省思自己應有的職業倫理，並堅決地對抗有違倫理與不合理的一切。

我會參加集會與記者會，和更多金智恩攜手前行。我將無懼於直接採取行動，為了在二審追求性別平等的結果、為了清算司法積弊與性別歧視而戰，揭發大韓民國的男性和權力。如今女性遭受暴力的世界已經結束了，我，以及諸多平凡的金智恩將迎來一個全新的世界。

決定和受害者站在一起

二〇一九年三月底，一部紀錄片正在進行拍攝，聽說題材也包括安熙正事件。製作過程中，曾是同事的鄭妍實答應了影片拍攝，並先拍了一支排演影片傳給我，說想讓我看。也許是想把自己的心情說給我聽吧，這支影片，彷彿是鄭妍實傳遞給我的訊息。

Q　在忠南道廳的職責和職務？

A　我在媒體中心公報官室所屬內容組的網路電視臺擔任副導，跟兼職差不多，雖然隸屬網路電視公司，實際的工作與網路節目毫不相干，都是用影片在記錄道知事的演講和賀詞發表等。

Q　為政治人物工作是什麼樣子？

A　工作前，部門主管曾說過這樣的話：「當天鵝在湖面優游時，乍看很優雅，但在湖面下，天鵝的雙腳不知道踩得有多勤奮。我們的工作就與踩水的雙腳相同。」工作時就是這種感覺。

政治人物是在大眾面前曝光的職業，等於是不能被他人抓到把柄的職業，因此在這個圈子裡，最可怕的一句話莫過於「傳聞」。重點不在於傳聞流出後，我改正行為就好了，一旦說法流出，開始出現雜音，就會變成這個人的汙點，所以「聽說」才會變成最可怕的一句話。因此關於道知事的一切，絕不能有任何傳聞，一切工作也都集中在這上頭（……）尤其忠南道知事是可能成為總統的人，大家都是帶著「知事的前景看好，自己也跟著沾光」的念頭配合知事。我原本是很狂熱的支持者，後來才變成員工，看到有年輕支持者追隨，大家本來都會親切地詢問：「來啦？大老遠的還跑來啊？」但從工作第一天開始，就有種備受壓抑的感覺。

安熙正的親信也一樣（……）就整體氣氛來講，很難向上級表達任何意見，就算有任何錯誤也不敢直諫。畢竟是必須在大眾面前曝光的職業，偶爾也該傾聽團隊的意見，卻沒人要聽，最重要的是，不能讓道知事不開心，要讓道知事方便（……）就連要別麥克風都不敢說，明明只要三秒就搞定了，但大家都很害怕，真搞不懂為什麼事到如今才要追求什麼水平式的氣氛（……）當安熙正以優雅有品味、和善的民主政治人物之姿站在大家面前時，我們所有員工卻必須跪著，任何事都必須去做。

隨行祕書就更不用說了，在這次事件揭發前，我一直覺得不曉得那位姐姐（金智恩）究竟怎麼工作的，她看起來非常辛苦，也非常認真。

Q 為什麼決定站在受害者身旁？

A 我並不只是為了政治人物工作，而是因為安熙正是大韓民國標榜最進步價值觀的政治人物，至少我原本是這麼認為的。直到發生此事件前，我一直都引以為傲。我對安熙正提倡的價值，關於女性與弱勢族群的言論都深表贊同，所以才支持他，從首爾到忠南工作。基於我追求的價值與真心，發生這種事件時，我理所當然要站在受害者身旁。我曾捫心自問，為什麼要站在受害者身旁？但現在倒想問問其他人、此時正進行二度加害的人、過去的員工、團隊職員、○○研究所職員及所有支持者，為什麼你們沒有站在受害者身旁？至少我以為我們是信奉相同價值、以為至少我們是邁向相同目標，可是事情爆發後，剛開始假裝與受害者站同一陣線的人，過了兩三週，也添加各種不相信受害者的理由，說出：「欸，可是我聽說……」真不懂大家怎麼能這樣？

馬奎斯的《百年孤寂》裡寫香蕉農場的勞工參加示威，於是政府下令殺掉了幾千人，最後只有一人倖存。即便那個倖存的人口口聲聲說政府下令殺了數千人，但因為只有一人倖存，所以沒人相信那人的話。我就像那個目擊者，實在太詭異了。我並非不能理解不願站在受害者身旁的心情，因為這一切真的就像謊言，我也多希望這一切只是謊言，我也好希望金智恩小姐是在說謊。

揭發事件後，從三月五日到五月初，有兩個月我每天都作夢，夢到什麼事都沒發生，順利地結束任期，回到我的位置上，安熙正一心做著累積政治生涯的美夢。等到我醒來後才發現這並非現實。在新聞上現身的金智恩小姐不是說過，「知事與我並不是能互相協議的關係」。我認為這句話千真萬確，此時站在道知事身邊的人也都會這麼認為。無論地位、不分男女，沒人是能與知事進行協議的關係。

決心站在受害者身旁的原因，第一個是感到羞愧。我認識的人都知道我在安熙正手下工作，可是事件爆發後，大家都不敢向我搭話，因為不知道我是怎麼想的，怕我可能不會與受害者在同一陣線。不過，我也不想聽別人說三道四，很討厭聽到有人說：「不過，怎麼知道那是不是事實？」就是有人認為我可能會這樣想。

我從一開始就說得很清楚，「我無意與道知事站同一陣線，無論怎麼說，這都是加害者的錯，不是受害者的錯。兩者不是能夠協議的關係，假如是在爭論是否有姦淫事實，或許就難說，既然安熙正已經承認了，就不能將錯歸咎受害者。因此，我希望沒有在他底下工作的你們都能閉嘴，不要跟我說她不是受害者、她可能不是受害者。」我很想這麼說。如果想要講得這麼清楚，就需要我站上法庭作證，表達強力支持，需要確切的根據，我再也不為安熙正工作的根據。

第二，是因為我內心充滿罪惡感，沒辦法懷著罪惡感活下去，也不會因為我做一次證就消失。罪惡感來自於受害者在經歷這件事的期間，我卻毫無所知，我身為朋友卻無法減輕姐姐的痛苦。人似乎沒辦法帶著這份罪惡感生活，所以我決定要站在受害者身旁。

Q　出庭作證後最感辛苦的部分？

A　恐慌障礙，以及不懂就亂說的人。我聽同事說我很不幸，到處嚷嚷著我被金智恩利用了。我做這件事是出於個人決定，並不是為了誰，是為了我自己。

第四章

與世隔絕日記

#防禦機制

嘴上說沒事，其實並非如此

手機收到陌生號碼來電，通訊軟體跳出陌生的名字時，我就會心跳加速，出現嘔吐症狀。緊接著收到排山倒海的問題時，感覺就像有尖銳的刀刃從臉頰附近擴散開來。

許多記者甚至沒有職業倫理，只在乎點閱數。聽說我的手機號碼已經傳遍了整個圈子。「我是某某的記者，我們聊聊吧。」大半夜傳來訊息的情況也不少，他們都採「妳必須回應這次採訪請求」的方式亂來。若是能按照慣例事先詢問我的意願就好了，但多數人沒有這種體恤之心。

我也需要調整呼吸的時間，眾多急促運轉的事情令我招架不住。雖然我嘴上說沒事，其實並非如此。無論判決結果是無罪或有罪，我都花費了比想像中更長的時間來接受。心情就像在無重力狀態，被困在真空內，既不能往前走，也不能往後逃跑，雙腳無法著地，也無法抵達天際，只能在空中飄浮。二審判決有罪時，直到雙腳完全回到地面為止，準確而言花了二十多天，現實才真正進入我體內。

有一天，偶然看到在網路上流傳我的判決文、公訴事實、判例解釋後，我羞憤難抑。雖然為了保護受害者，判決的敏感文字並未公開，大眾卻將受害事實直接上傳到網路，任意解讀、評論。我很氣憤，就連淚水因冷空氣而在臉頰上凍結都沒察覺，一邊走著，一邊茫然地哭泣。官司、法律、網路、部落格、Youtube、打著知識分子旗號的自以為是、一無所知之人的妄言，都令我怨恨。

被關在牢獄的明明是加害者，我卻彷彿被囚禁在另一座監獄。好不容易才擁有屬於我的時間，卻再次崩潰瓦解。我摔了一跤，病了好幾天，好像身體沒有產生免疫力，又再次重感冒。

不知不覺已過一年

一年過去了，這是一段太殘酷的時光，連自己如何倖存的都不曉得。我對於把自己丟到粗暴、嚴峻的處罰面前感到愧疚，生命能堅毅地支撐下來，真令我詫異。

雖然稱不上紀念日，但我希望能把鼓起勇氣說出真相的日子，當成與全新世界與各種好人相遇的日子。去年的這天晚上，社運家對我說了一句溫暖的話：「您做得很好。」這是我第一次聽到帶有稱讚意味的安慰。過去我碰到的只有擔心我會擾亂組織，並皺著眉說「安靜點，要撐住，妳要忍耐，這是妳的問題」的人。只要想起當時，依然會忍不住落淚。正因為有人說我做得很好，用開朗溫暖的態度對待我，我才能走過這一年。幸好我遇見了這些心態健康的人，我想紀念這個遇見新朋友的日子。

很高興見到懸浮微粒

二〇一九年三月，最嚴重的懸浮微粒覆蓋了一切。就像我在過去一年被火山灰覆蓋、徹底變成灰色的生活般，一片白濛濛的。但我又希望空氣中能充滿懸浮微粒。如此一來，大家的生活就會變得與我相似，像我一樣沒辦法輕易走到外頭、戴著口罩、行動受限，也沒辦法穿漂亮衣服。

就算沒辦法到外頭，我也會安慰自己，是因為懸浮微粒；把全身包得密不透風才出門，也會認為是因為懸浮微粒。穿相似服裝的人很多，就不需要擔心他人視線，即便戴著口罩、看著地面走路，眼鏡有霧氣，異樣的眼光卻消失了。光是看到大家都戴著口罩，就令我感到幸福。

有時，為了保護自己而做出的小小舉動會造成他人不便。不分晝夜都戴著帽子、眼鏡和口罩的我，偶爾會有人嚇一大跳，我也會嚇到。我很難為情，也很抱歉，但我不是故意要嚇人。我的體型算嬌小，不會讓人覺得受威脅，但我不禁心想，假如別人在晚上碰見這身奇怪打扮的我，似乎真的會嚇到。我應該說「我不是壞人，只是因為我很害怕，想保護自己」嗎？

至今仍有件事令我難忘。我在等電梯。事件發生後，我很怕和遇見其他人，只有沒人時才會搭電梯，平時就走樓梯。那天身體很不舒服，所以打算搭電梯。我全身包得緊緊的，擔心受害者在打官司期間穿亮色系衣服會遭人非議，所以只穿黑色和暗色系衣服，從衣服到口罩都是黑色。雖然很想擺脫「受害者的模樣」，我卻無法忽略世人的視線。

就在我打算搭電梯時，旁邊的大嬸突然抓住大叔的手臂說：「等一下再搭吧。」讓我先搭了電梯。即便是中年夫婦，還是兩人同行，似乎仍拿全身黑的謎樣人物沒轍，畢竟這世界本來就很險惡。

從那之後，我就戴上了白色口罩。不，我戴了兩個口罩，因為白色也可能很醒目，所以我會看情況輪流戴。除了有點熱、透不過氣，還算能夠忍受。這是為了街坊鄰居著想，雖然我很害怕，但也不希望有人因我感到害怕，至少我想付出這點努力。

又開始自殘

看到二度加害的文章，我又開始用拳頭捶打自己的頭、大腿、肚子和手臂……太生氣了，覺得快瘋掉了，痛苦達到極限。我似乎看見了死亡的深淵，這樣下去可能真的會死。血液直衝腦門，體內的自己跑到了外頭，我失去了此刻的自己，覺得好像不再是自己。

拜託能有個人安靜地過來，給抽離的我一個大大的擁抱。希望有人能將心比心地對我說：「嗯，我也明白妳那種心情，我能理解，也感同身受，我同意妳。」好讓這股憤怒停止，好讓抽離的我，再次回到體內。

神經衰弱

MeToo後，我就深受頭痛和全身痠痛所苦。看到每天不間斷的相關新聞，身體難以支撐，精神狀態也沒有一刻是清楚的。雖然擺脫了安熙正的魔掌，但我彷彿仍置身在那權力的掌心中，像要粉身碎骨般被捏得緊緊的。身體也出現痙攣和筋肉疼痛的症狀，全身都在喊痛，不停瑟瑟發抖。

偶然在新聞上看到「穩定化」時，我會以為是安熙正；看到「民主化」時，我也會以為是閔珠瑗[31]，心臟頓時漏了一拍，以為他們又說了什麼謊，又發表了什麼文章。雖然很快就發現自己看錯，但一旦受驚嚇，就無法輕易平復心情。這樣的情況不止一兩次，字形相似的詞真的很多。

就算只是看到性暴力新聞，心也會跳個不停，懷疑是不是在說我的事。其他新聞中出現聯想到事件的用詞，像是忠南道廳、民主黨、國會議員、道知事、俄羅斯、瑞士、MeToo等，不安也會瞬間包圍我。連鎖效應實在驚人，剎那間，我彷彿瞬間移動，再一次經歷整起事件。有時心臟會咚咚跳動到刺痛，心病似乎造成了身體的病痛。

我也不想看手機。當跳出訊息通知，我擔心是否又出現什麼奇怪的新聞，不安到每次通知音效響起時，整顆心就會糾結，變得很敏感。連續收到簡答型訊息最令人煎熬，每封訊息通知都像在鞭打心臟般疼痛。拜託別再傳訊息給我了，我好想休息，就連回覆訊息的手指都陣陣發麻。每一節關節、每一條肌肉都脆弱無力，以致打字時都會感到刺痛。周遭的人搞不好會誤會我，說我回覆得太晚，回答也很簡短。我的心情即是如此，就請用寬大的胸襟包容我一下吧，在我恢復健康之前。

當我看到家裡的門把時，就會覺得有人會開門闖進來傷害我；聽到外面有腳步聲或說話聲也會緊張，然後關掉電燈，在棉被裡一動也不動。剛開始我連電燈也不敢開，只靠蠟燭生活，仰賴手機的燈光。等狀態稍微好一點時，我打開了電磁爐上方排油煙機的小燈，之後又打開了廁所燈，讓門

31 韓文的「穩定化」（안정화）字形與「安熙正」（안희정）相似；「民主化」（민주화）與「閔珠瑗」（민주원）字形相似。

敞開著。

現在又不同了，為了避免家裡有任何變化，我讓電燈時時開著。我覺得當燈光熄滅後，黑漆漆的家中可能會發生什麼事，所以讓家裡保持燈火通明的狀態。以前我從不開燈睡覺，如果開著燈會睡不著。搬到這裡後，百葉窗一直是拉下的，還在那上頭掛了薄薄的窗簾，在出入口掛了門簾。無論是窗戶或出入口，都不曾完全敞開，讓家裡通風。最近一年，我感受到的空氣是「沉重」、「滯悶」、「灰白」和「滾燙」，所以家裡總是開著電風扇。因為家很小，電風扇的轉動聲格外響亮，耳朵會嗡嗡作響，震動聲擴散到大腦深處。從猶如飛機起降時的噪音，逐漸轉為海邊的氣笛聲，但現在它並沒有從鼓聲變成白噪音，而是變成灰色噪音。為了淨化空氣，我只能忍耐，可是依然覺得很吵。

走在路上如果看見車子，我會覺得它會突然朝我衝過來。擔任隨行祕書時搭乘的黑色Carnival、安熙正夫人的車、安熙正親信的車，每種車款我都記得。所以當特定車款經過，或Heohaho[32]車牌的車輛經過時，我就會躲起來，或緊貼在角落，透過店鋪玻璃窗和道路反射鏡觀察動靜，以防禦的姿態走路。我所面對的整個世界都很嚇人。

擔任隨行祕書時，我會被安熙正訓斥，但有時被安熙正的粉絲罵得更兇，受到更嚴重的威脅。那倔強的婆娘、貼在知事身旁的婆娘、祕書婆娘、隨行的婆娘……儘管我按照守則工作，但只因為我是女人，因此必須聽到更多男性隨行祕書不會聽到的穢語。

有一天，一位粉絲拿飲料給我。因為那也算禮物，我說不能收。對方說天氣這麼熱，我很辛苦，所以連同知事和我的都一起買了，還說希望我喝了後會涼快點。只要收一次，就會產生對其他粉絲的差別待遇問題，所以我只說：「謝謝，這份心意我收下了。」粉絲卻站在慣用車前等待安熙正，而且好像把三罐咖啡遞給了駕駛祕書。那天所有活動結束要下班時，駕駛祕書給了我一罐咖啡。就是粉絲給的那個。

下次再見到那位粉絲時，我打招呼說：「那時您給的咖啡很好喝。」畢竟對方看起來還像個學生，特地想買點什麼給祕書的心意很令人感激。結果對方大吃一驚，反問我：「您喝了那個？真的喝了嗎？」

「是的，很好喝，謝謝。」

看到對方說不出話來，我心想可能不是要給我喝的，是要給知事，卻被我不小心喝掉，於是我再次問：「那不是要給我的嗎？」

「還以為您不會喝。」

「什麼？」

32 Heohaho（허하호）為韓國汽車租賃商。

「您不怕我在裡面加了什麼嗎？」接著，對方歪著頭不知喃喃自語什麼。瞬間我懷疑自己有沒有聽錯，感到不寒而慄。

活在地獄裡

MeToo後，我和別人對話時變得極為小心翼翼，就像患了強迫症，即便是微不足道的對話，也覺得會被寫成另一回事。現在法院或媒體公開的內容都遭到惡意剪輯，像是放入其他解釋，好讓他人能巧妙地解讀成不單純的意思，或把主觀情緒寫成是說明。不知道前後脈絡，或不知道我是和誰說那種對話的人，的確有可能這麼想，但只要看到全文或知道狀況，就會知道絕非如此，也因此在法院出示的所有證據中，它們才會被排除在無數合理、恰當與客觀證據之外。

審判時，被抨擊最嚴重的，是我在訊息中使用「^^」、「ㅠㅠ」、「嘻」、「好唷」等。上面四種用法明明非常單純，卻被安熙正主張成是「帶有撒嬌意味」的訊息。雖然也是參加 MeToo 後，我一直在緊張兮兮的狀態，但自從這件事遭受嚴重攻擊後，我就有意識地避免在訊息中使用貼圖，語氣也盡可能保持公事公辦的態度。剛開始很難改過來，一直習慣使用的語氣，是在工作時看著上司、前輩、同事等人的眼色建立起來的，不可能一夕改變。要是不用貼圖，壞了對方的心情怎麼辦？要是覺得我的語氣僵硬，誤會我又該怎麼辦？我感到綁手綁腳，尷尬又痛苦，但更折磨我的另有其他。

在法庭上，律師刻意用嬌嗲聲說出「嗯～？[33]」來重現我傳的訊息。幾度聽到律師說：「嗯～？為什麼要使用這種語氣？證人，嗯～？」令人抓狂的「嗯～？」如鐘聲般在耳畔迴盪，原本要按下鍵盤的手指也會跟著停下來。經常使用的貼圖早就刪除了，現在就算和好友對話也不會使用。

我也不知道為什麼要有衣櫃和鞋櫃。以前當季節改變，衣服也會跟著換季，我會把衣物全部翻出來再整齊疊好，現在卻只穿幾件暗色系衣服。我對衣服失去了興致，也沒有心思欣賞風景，只會擔心要是穿亮色系衣服，又會聽到別人說什麼、被罵什麼。最近我就像是住在某個霧氣瀰漫的寂靜小城市，凌晨出來散步的人一樣，好像也滿適合去某個山谷配送牛奶。這樣就沒人認得出我了，那該有多美好啊。

擔任隨行祕書後，買了許多生平沒穿過的衣服。因為不想聽別人說女人辦事不力，所以我找了更男性化的衣服來穿。主要都買西裝褲。女性套裝的口袋不多，但隨行時要帶著需要的物品跑來跑去，所以我買了上衣和內裡有口袋的服裝。如果衣服沒有口袋，甚至會親自縫上，因為安熙正的所有物品都必須隨身攜帶。

33 原文為「넹?」，正式用法為「네?」，反問的語氣。

安熙正絕對不在西裝放任何東西，說會破壞穿西裝時的帥氣感。手機、香菸、打火機、名片、身分證、衛生紙、筆、眼鏡布全都由隨行祕書攜帶。只要他一招手，就必須立刻跑過去，將他想要的東西遞給他。我就是個百寶袋，看到我的口袋老是有東西跑出來，大家都很吃驚。背包裡的東西根本可以開一家超市了，卻沒有一樣是我的，連常見的粉餅盒也沒有。

如今對我來說，打扮已不具任何意義，我不想再聽到別人說我不像個受害者。偶爾想穿漂亮衣服時，我會穿著如薄荷糖般、有小碎花的睡衣睡覺。那是一件八分袖的衣服，雖然沒辦法出門，但穿上有花紋的睡衣，心情就會愉快許多。如果有事要外出，我就會再次換上暗沉的黑衣服。我甚至擔心是不是把自己囚禁在受害者的框架裡了。

先前我因公必須隨行，跟著安熙正跑了無數國內行程。無論是工作場合或時間，由於頻繁遭受前主管安熙正性騷擾、猥褻，因此對某些場所有嚴重的心理陰影。包含由安熙正擔任首長的忠清南道在內，每個場所都成了案發地點，我覺得自己沒有任何能自在呼吸的安全空間。事件發生後，我更在恐懼的土地上遭到孤立。

特別是我對人的恐懼感達到極限，很難維持日常生活，無法和他人有眼神交集，也完全斷絕了與人對話或見面的機會，獨自在封閉空間屏息生活。

有一次我要去醫院，出門前光是洗手、沖澡、洗衣服、打掃就做了好幾次。關好門出去後，為了確認門有沒有關好，我又跑回家打開門再鎖上，接著出門後又折返確認，如此重複了好幾次。雖然外出本身就讓人痛苦，但出門前的過程同樣波折。當時的我過著強迫症的生活，現在雖然症狀逐漸減輕，但仍留有這種習慣。

洗手、沖澡、整理繩子、清掃、不安、確認門有沒有關好、出門後再回來、跟蹤、感覺有人會害我、睡到一半突然醒來、生不如死、害怕有可怕的事發生、心臟狂跳、手腳發抖、喘不過氣、胸口疼痛、鬱悶、暈眩、昏倒、發麻、發燒、發冷、肌肉疼痛、感冒症狀、失眠、白天嗜睡、無法控制食慾而吃個不停、作惡夢、不停洗衣服、不停打掃，這些都是一天內發生在我身上的事。雖說是一天，卻無法得知那維持了幾小時或幾天。

好不容易出門後，依然困難重重，我會全身緊繃地提防四周，走路時，我打開了所有感官。街上的汽車引擎蓋、車門、後車箱等會發光的材質全是我的反射板，我的鏡子，甚至各種玻璃窗、手機螢幕、地上的水窪都替我映照出事物，確保我的視野。我雖然利用帽T遮住臉，卻盡可能將耳朵打開到最大。我看著影子、聽著腳步聲、透過晃動的塑膠袋聲音、通話聲及說話聲，判斷大約有幾個人走過來，還有他們在做什麼。儘管如此，碰到光線太暗，以致什麼都感覺不到時，我只能改變方向或突然止步，只有這個辦法。

回家後又有其他事要提防。無論在哪裡，到現在還是很不想讓別人知道我的存在、暴露我的名字，印在透明藥袋上的三個字尤其令我厭惡。上頭印有我的名字，如果直接丟進垃圾桶太不放心了。我痛恨自己的痕跡，因此甚至會用橡皮擦抹去，或將它放進水中，讓印刷的墨水模糊。再不然，我會準備一把剪刀，像是在切薄薄的魷魚絲般，把它剪得非常、非常細。沒有剪刀時，我甚至會用指甲撕，好讓別人看不出上頭寫了什麼。我逐漸學會越來越多抹去姓名的方法。

能做的，不能做的

我雖然能搭車，卻不能拉下車窗，尤其坐前座時，幾乎是把身體完全倒向後方。起初乾脆直接躺在後座。關於車子，發生了很多插曲。

社運家老是想拉下車窗，我則一直關上車窗。我以為社運家可能胃不舒服，後來看到窗戶如卡通般嗶嗶向上、嗶嗶向下的可笑情景後，忍不住笑了出來，最後卻有些惱怒。我都怕得要命了，為什麼老是把窗戶打開？就像我還沒準備好要跳高空彈跳，就被一把推下懸崖。

有一次是在檢調機關進行陳述，還有一次是在法院結束旁聽後，我曾蹲坐在車後座的地上，也曾以一字形躺臥。看到座位是空的，其他社運家以為沒人，結果打開門時，被躺在地上的我嚇得魂飛魄散。

「智恩，妳非得這樣嗎？」

「對……雖然有貼薄膜，但會映照出影子或從前面的玻璃窗看到，要是被拍到照片，加上奇怪的標題或被跟蹤，往後要怎麼繼續在那個家生活？」

雖然制定了生活計畫，卻什麼都沒辦法實踐。我原本想，審判結束後就能做點小小嘗試，但現在的狀態也差不了多少，能做的事並不多。雖然能和人們見面，但因為到現在還是很害怕，所以和他人見面會有困難。

我雖然服用安眠藥，卻沒辦法順利入睡，有時徹夜未眠，更害怕作惡夢，連藥都不敢吃。

我的手機雖有相機功能，但我不拍任何照片。我害怕有人拍我，也害怕被拍，把照片留在手機中也令我痛苦。照片令我害怕。社運家教我，萬一有陌生人突然拍我的照片，就鄭重地走向那人，對他說「對不起，請不要拍照」、「我現在覺得不太方便」。無論是人、照片或曝光都令我極度恐懼，閃光燈更讓我覺得是一種具威脅性的訊號。

我雖然能戴口罩，卻無法脫掉它。一旦戴著口罩走出家門，在外面就無法摘下。它成了皮膚的一部份，無論是去醫院、見朋友、搭車時，我都會戴口罩。如今就算戴著口罩也不會不舒服，身邊的人也習慣了。住院時，即便待在病房，我也覺得和外面的生活差不多，所以一直戴著口罩。因為雖然只有負責醫師、護士會出入病房，但靠走廊太近了，只要一開門就會有陌生人經過，這已經在危險警戒的範圍內。

我雖有會員卡，卻沒辦法累積點數。店員在結帳臺說出我的名字，向我確認：「是金智恩小姐嗎？」以及和人面對面依然令我喘不過氣。我只想趕快離開這家店。其實，就連走進店裡的次數也屈指可數。

我害怕尾隨我的視線會透過窗戶看我，即便建築物離我很遠。因為不安，我從沒拉起百葉窗。雖然養了植物，但因為陽光照不進家裡，所以經常掛掉，就像是不斷失去和我一起呼吸的家人。醫生說我應該要避開會產生這種情緒的事，所以我沒辦法再養植物，但我希望有一天能拉起百葉窗，將窗戶完全敞開，和眾多植物一起分享暢快的空氣。

我雖然能做，但同時又不能做這些事。

假新聞

足以與安熙正的威力媲美的社會影響力，在性暴力事件也行使了同樣的力量。審判過程被即時轉播，偽證內容被寫成報導，事件後接受診療的個人醫療紀錄甚至被安熙正夫人非法公布在網路上，我也深受「懷孕」、「生子」等假新聞折磨。

現在個資仍持續在網路上曝光，被扭曲的訊息也經再次加工、重新編輯後，被任意消費。因為那些不知實情卻留下惡評的網友、加害者的信及支持者，一切再次到處流通，我也遭受了無數次妨害名譽與侮辱。每聽見、看見一次我的名字，就會有種心臟揪緊的壓迫感。

參加 MeToo 後，假新聞四處氾濫，在這些之中，唯一正確的就只有曾經結過婚。我雖然很想聲明「八卦全是假的」，但「只有一件事是對的，其餘都不對」這個說法隨著媒體擴散，瞬間全世界都知道我是離過婚的人，與性暴力事件無關的過去連帶被強制曝光。這時，人們便立即帶著偏見大肆嘲弄，甚至有高層人士說「離婚女和未婚女不同」、「離婚女有慾望」、「如果說要跟她結婚就不會這樣了」，網路全被這種言論洗版。想到家人會看到這些惡意評論，就不禁感到心痛。

我離婚一個月後，爸爸因腦出血昏倒。聽醫護人員說，在加護病房的爸爸即便在生死交關的時刻，仍奄奄一息地呼喊我的名字。我忍不住哽咽，覺得這一切都是自己的錯，爸爸會暈倒都是因我而起，罪惡感壓在我的心頭。對我來說，離婚就像罹患不治之症後，從鬼門關走一遭回來所留下的手術痕跡。直到走到離婚這一步，以及離婚後數年的時間，我都活在滲入骨髓的悲傷中，當時同事還開玩笑地叫我「黑暗精靈」。那段時光的苦痛，就連身邊的人都能輕易看出。

如此煎熬的時光，安熙正方卻若無其事地捏造我不曾說過的話：「我結過婚，所以沒關係。」安熙正的律師說「因為是離婚女」、「因為有過婚姻經驗」；安熙正的親信說「都離過婚的女人了」；而安熙正的夫人則說我是基於報復心、忌妒心。

性侵、二度傷害、侵害私生活、言語暴力、折磨、侮辱、妨害名譽，不同的箭矢全都準確地貫穿我的心臟，我覺得不如一死百了。

女人，還有媽媽

原本我對媽媽來說是性格很溫和的女兒，但開始在道廳工作後，可能是因為很忙碌、壓力大，變得很少和媽媽對話。回家後也生怕錯過任何來電或訊息，只能緊緊抓著手機不放。後來媽媽告訴我，當時她想：「為國家工作已經夠辛苦了，不要連我都去煩女兒，就不要問太多了。」所以沒有表現出來。

可是有一天，媽媽開車送我到客運站時對我說：「最近妳太少待在媽媽身邊了，真難過。」說著不禁落淚。當時我雖緊緊咬住嘴唇，避免自己哭出來，卻仍沒能阻止淚水流下。我不能讓媽媽見到自己流淚的樣子，所以從頭到尾盯著窗戶看，我覺得胸口很悶，好像快瘋了。

「因為工作太累了……」我只對媽媽這樣說，我沒辦法說出自己的遭遇，我不想讓媽媽難過、惹媽媽哭。要是知道我這沒出息的女兒經歷了什麼，媽媽會更痛苦。雖然也曾猶豫，但看到媽媽的淚水，我覺得自己應該一輩子都沒辦法說出口。

媽媽很喜歡花，碰到去上插花課的日子，會抱著滿懷的花朵回來。那樣的媽媽真是美極了。從小我就希望像媽媽一樣，媽媽是個文靜沉著、有耐性且充滿愛的人。在成長過程中，我也如自己所願，變得和媽媽很相似。

媽媽在婆家吃盡苦頭，卻仍將家人照料得無微不至。因為媽媽，我們一家人很團結，為彼此著想的連結與愛比其他家庭更強烈，媽媽給我的母愛，也透過我自然地傳給了妹妹。我想成為對家人帶來幫助的長女，想變得和媽媽一樣，這個心願卻沒有維持太久。

我離婚了。因為一無所有，只用六萬多元舉辦了小小的婚禮，在月租房過起婚姻生活。雖然很想幸福的生活，我卻失敗了，正如世人所知，我成了「離婚女」。這並不是我的錯，大家卻在我身上加上我不想要的「離婚女」標籤，帶著偏見與蔑視。

離婚後，父親倒下了只能努力。一聽到這個消息，我便火速趕到醫院，卻沒機會和父親說話。我好自責。為了讓父親能夠記起我們全家共度的時光，我將音樂存在MP3播放器裡，替父親戴上耳機。

離婚女又是非正職員工，我只能努力工作。在「女人」之前，我是想守護家人的一家之主。我始終深信唯有實力能守護我，所以更拚命。「勞工金智恩」這個名詞和我的生存畫上等號，儘管「開一家幸福的小書店」這個兒時夢想在記憶中已變得模糊，但這是唯一能實現的路。

越是埋首於工作，就越與身為人、身為擁有夢想的金智恩漸行漸遠，我逐漸遺忘了愛花的媽媽。如今我的事，似乎把媽媽喜愛花朵的心思都奪走了。

可以買糖餅吃嗎？

我很喜歡吃糖餅，卻沒辦法買來吃，因為可能會有人看我或罵我。媽媽知道我沒辦法去買糖餅，於是親自在家做給我吃。媽媽會一次做很多個，我把它們放進冷凍庫，偶爾才萬分珍惜地取出一個加熱享用。

我有整整一年只吃過一次街頭小吃，那是和幾位社運家一起經過糖餅攤販時，一位社運家問：「要不要吃個糖餅？」我實在無法拒絕，因為我太喜歡糖餅了，那次在街上吃的糖餅，滋味實在難忘。不過吃糖餅時，我一直保持警戒狀態，觀察周遭動靜，始終垂頭注視地面，也沒辦法完全拿下口罩，每次都必須短暫把口罩往上拉，只露出嘴巴去咬糖餅，樣子十分可笑。

只不過短暫地站在路邊吃東西，全程卻不停東張西望，擔心會被人看見。我不停問自己，我能買這種東西來吃嗎？這樣好像顯得我很悠哉。可能是因為一直在糾結這些，最後還消化不良，因為一個糖餅，最後整天吃不下東西。

我還能過正常生活嗎？

我能去參加好朋友的婚禮嗎？熟識的妹妹的奶奶過世了，我能去參加葬禮嗎？我能去咖啡廳嗎？能和朋友見面嗎？能上美容院、去餐廳嗎？

即便是微不足道的小事，我也會問律師，擔心會對審判造成影響。

「我怕去參加婚禮、葬禮，也怕在外面被拍到，又會有人捏造出其他故事。我擔心去咖啡廳見朋友時不小心笑了，也不知道談話內容聽在他人耳中會是什麼感受。我不知道自己可不可以剪頭髮，或可不可以和朋友去餐廳吃飯。」

我的生活如履薄冰，邁出步伐就覺得一切即將四分五裂，腳下彷彿有人撒了網，等著要把我抓去吃掉。走過來吧，快碎裂吧，快掉下來吧。彷彿有人正如此背誦著咒語，我很害怕。

這段時間雖然碰上兩次節日，卻不敢回老家，怕對家人造成傷害，親戚會擔憂，也不知道該怎麼向親戚打招呼，只能獨自默默過節。節日那天，我沿漢江走著，心情很微妙，我還是第一次見到這麼安靜的首爾。

罐頭、冷凍食品、外送

假如說參加MeToo後有什麼巨大變化，那就是「外出」。走出家門或到人多的地方變得很困難，所以用餐習慣也變了，幾乎都在家吃。由於出去丟垃圾也算是外出，所以必須避免產生垃圾、廚餘或資源回收物。尤其如果想一次買齊食材，慢慢吃很長一段時間，最好購買保存期限長的罐頭。做菜時製造的廚餘比想像得更多，有時乾脆由老家做好後寄來給我。像是媽媽會特地烤好一條條魚，用烘焙紙包好放進夾鏈袋寄給我，我會將它們冷凍起來，用微波爐熱來吃。這些都是非常珍貴的配菜，是只有我感到艱難時才會取出來吃的食物。

有一次我病得很嚴重，媽媽包了一大包烤黃魚帶來給我。一看到那些食物，我就忍不住碎念：「媽，何必買這麼貴重的東西……媽媽也很辛苦啊，幹嘛這麼費工地烤這些魚？」我很清楚家裡的經濟狀況，說著忍不住流了眼淚。沉重、辛苦、昂貴的東西……媽媽總是先為我著想。那些食物我吃得很開心，瞬間就吃光了，真的很美味。

最近我好像成了罐頭、冷凍食品、外送食物的達人，專門找少有廚餘又能長時間保存的食材。因為缺乏日晒，一天只靠罐頭食物吃一餐，還被診斷為營養失調。為了生存，我明明每天都好好地吃了一餐，竟然患了營養失調。

初次摘下帽子那天，感受風的吹拂

有段時間，我身體很不舒服，不太能晒太陽，連口罩和帽子也無法拿下。不過有那麼一天，我拿下了帽子。那天好像是第一次也是最後一次，後來我再也不曾拿下帽子。

我在漢江最高處，選了個無人的地方坐下，摘下帽子。我至今仍無法忘懷那股暢快，仲夏的風竟如此冰涼，真陌生。許久沒有感受的涼風使髮絲飛揚著，悶堵的呼吸也暢通了。時隔數月才感受到的爽快，讓我暫時閉上了眼，祈禱著拿下帽子的那天能再度來到，這種微小的幸福也能越來越多。

那天撫慰了我，在回家路上聽了「花椰菜你也是[34]」的歌〈該遺忘的事就遺忘吧（잊어야 할 일은 잊어요）〉。脫下帽子，第一次感受迎面吹來的風，我非常短暫地揮別了恐懼，獲得必須活下去的力量。

在雨中，覺得受到保護

那是個傾盆大雨的日子，我撐著一把能遮住小小身軀的大傘走在街上，大雨毫無顧忌地打在傘上，心情真是好極了。雨傘正在守護我啊，在每個角落都會有像它一樣守護我的人吧。頭頂有一把很可靠的大傘，就好像長腿叔叔，讓我感到踏實。看到遊樂場的孩子為了躲雨，開心地朝某處跑去，我也突然好想跟著他們跑來跑去。是什麼那麼有趣呢？我也好希望像孩子們一樣嘻嘻哈哈的。上一次笑得那麼開心是什麼時候呢？我的心情就像飛越了彩虹，很想撐著這把雨傘飛來飛去。

回家後，我打開蓮蓬頭，以戴著帽子、眼鏡、口罩，還穿著衣服的狀態，讓蓮蓬頭的水柱如雨水般澆下。好暢快啊！原本覺得穿長袖長褲很熱，夏天時戴著眼鏡和口罩很不舒服，但我再也不這

34 韓國獨立樂團。

麼認為了，它們是保護我、令人感激的存在。

偶爾，我想像這樣淋淋雨，感受短暫的解放。

在洗衣店說出名字

二〇一七年夏天，我突然被聘為隨行祕書，隨即南下前往忠南道廳的洪城，就連首爾的家當都來不及整理，其中之一就是放在洗衣店的衣服。總有一天，我必須去把衣服拿回來。住在洗衣店附近的朋友說要在家做飯給我吃，於是我在路上鼓起了非常大的勇氣，決定順道去一趟洗衣店。

「我來拿衣服，大衣，金智恩03號。」

我是那家洗衣店的第三個金智恩。還以為老闆會斥責我為什麼過了一年才來，幸好老闆沒說什麼，用桌上型電腦查詢金智恩03，看完編號後，就到洗衣店後方找衣服去了。

坐在旁邊一起聊天的街坊客人問：「誰的衣服？」我緊張了一下。

「金智恩、金智恩……」老闆喃喃唸了幾次名字，找到衣服。在這段時間，桌上型電腦的螢幕持續顯示我的姓名，我好幾次都想伸手去握滑鼠，按下╳，關掉視窗，把「金智恩」這個名字抹去。擔心會有其他客人上門，我開始焦慮不安，幸好最後老闆找到了大衣，從後頭走了出來。呼，幸好。我付了錢，老闆也將顯示姓名的視窗關掉了，任務完成。

後來我再也沒去過洗衣店。MeToo後，我只在家洗衣服，反正衣服穿來穿去都是那幾件，在家洗就夠了。那些明亮、材質柔軟、漂亮、輕薄飄逸且需要乾洗的衣服，早就不穿了。真希望能稀鬆平常地拿衣服去洗衣店的日子能夠到來。

小小的安慰

今天實在太痛苦了。有人透過律師給了我禮物，這個親自精心包裝的包裹是兩本書——性侵受害者李懷瑜的自傳小說《生命暗章》和李海仁修女的詩集《小小的安慰》。送我這份禮物的人的溫度，透過書本如實地傳達到我手上，我感受到溫暖，但沒有直接打開書閱讀，而是擺在床頭。

MeToo後，我第一次和媽媽一起睡的那天，因為身體不舒服，媽媽特地來照顧我。晚上，我和媽媽一起讀了書。我把《小小的安慰》拿給媽媽，卻突然聽到啜泣聲。媽媽哭了好久，那似乎是媽媽第一次不必再看誰的臉色。在我面前、在爸爸和妹妹面前，媽媽總是若無其事地說：「都沒關係」、「只要妳好，媽媽就好」、「只要妳能走出來就好」、「只要妳別生病」……媽媽這輩子對一切都忍氣吞聲，即便因為女兒而遭受前所未有的痛苦，媽媽仍只表露出堅強的樣子。

媽媽應該很心痛，卻只為我擔憂，反倒讓我擔心起媽媽。要是媽媽得了心病怎麼辦？看著閱讀詩集卻痛哭失聲的媽媽，反倒有了「這樣還比較好」的念頭。我想在此對送書給我的那位朋友說：

「由衷感謝您安慰了我媽媽的心。」

夜不成眠，咻咻——振筆疾書

總有那種時候，想和某人分享幾句話。

咻咻——起風了，就算是風，也想和它說說話。

咻咻——月光皎潔，即使是月亮，也想和它說說話。

咻咻——要是吹口哨，就能和它們對話嗎？

想法似乎沒辦法傳達出去，我只好靜靜提起筆。

咻咻——其實我連口哨也吹不好。

春天再度來臨，尚未結束的旅程

作夢也想不到，同樣的季節會再次到來，我以為冬天就是盡頭了，以為天氣會漸漸變冷，一切都會走向結束。可是春天再次來臨，真不曉得該欣喜還是感到苦澀。在這場依然不見盡頭的旅程中，我不知道自己該對季節的循環露出什麼表情。

夏天，保護裝置瘦身的季節

冬天過後，春天來臨，天氣變暖後，原本厚重的大衣也逐漸變薄、變短。衣服開始瘦身，我也必須減去衣服和口罩等包覆我的保護裝置。

靠上頭有許多洞洞的長袖輕薄款運動夾克、涼爽褲、非常薄的拋棄式口罩、遮陽帽，完成夏天的準備。照了一下鏡子，我看起來就像不折不扣的社區運動選手。就這角度來看，對我有利的季節是冬天，就算全身包緊緊，也不會讓人感到奇怪。我再次期待起冬天。

手環

聽說有一種人身保護手環，戴上後，若是碰到危險，只要按下按鈕，警察就會出動。原本想要申請，最後還是作罷，就連公權力也難以相信。我所控告的對象就位於公權力的核心，我認為他的關係網絡依然屹立不搖。

我以為躲起來過生活，不讓人知道我的存在是最安全的，但等到曝光那一刻，我依然感受到無限恐懼，害怕會遭受堪比暴露在輻射中的傷害。

不配戴裝置的具體原因有幾個。假如戴上手環，就必須告訴警察我住的地方，轄區派出所也會持續在附近巡邏。透過那條手環，我的位置會轉換為小小的單位，即時傳送給警察。應該保護我的那個方法，反而讓我的位置曝光了。而且我認為，萬一我真的在面臨危險時按下按鈕，它卻沒有正常運作，我就會陷入無法挽回的險境之中。

也有些受害者認為唯有這個保護裝置才能保障自己的安全。在我苦惱該不該戴手環時，曾在保護機構看到其他受害者戴。那位受害者是未成年，加害者仍持續找他，所以才戴著手環。

我假設自己會碰到的各種危險，做了比較，卻無法輕易決定。我認為安熙正的關係網絡遍及各處，只有我能保護自己。神不知鬼不覺地躲著才是上策，所以我拒絕了戴手環。現在回想起來，仍覺得是正確的決定。

遭受攻擊

我在網路上看到有人留言說想殺了我。雖然我戴著口罩，四處躲藏，但要是真的撞見寫那種文章的人，那個人也認出我來該怎麼辦？要是他往我臉上潑硫酸，或在我面前亮刀，我怎麼逃？冷不防找上門的恐懼感一再令我畏縮。

我必須健康

生病時，就會想起媽媽以前煮飯給我吃的事，但我沒辦法回到有家人在的那個家。動完手術後，爸爸就一直在接受門診治療，不能被我傳染感冒，我得身體健康才能回去見爸爸。

我雖想回家，感冒卻遲遲不見好轉，於是到附近的店買了一千元的豆芽，連同青陽辣椒一起放進辣海鮮口味的泡麵煮來吃。比起藥物，有嗆辣味的食物似乎能讓感冒更快痊癒。隨處可見的社區診所對我來說也是很難登門的地方，不斷親切呼喊名字的看診系統，是現在的我難以招架的。

要打眼前這場仗，先決條件就是我不能倒下，只能健康，只能平安無事，只能活著，只能撐到最後。無論是輸是贏，這場仗的最後我必須在場。因為我是唯一知道真相的人，要是沒了我，一切就會不了了之。我想證明給犯罪者、放任犯罪者，還有想讓犯罪沉到水底而奔走的人看，想成為活著獲得認證的案例，而不是死了才獲得認可。

空虛

我獨自一人。雖然身邊有很多人圍繞，但我終究是踽踽獨行。將事件公開、提告後，周遭的人開始變多，可是官司結束後，這些人還會在我身邊嗎？雖然大家為了追求真相的勝利而待在我身邊，但等到這一切結束，大家就會回到各自的生活了，我能夠承受這些空白嗎？一想到此，空虛感便朝我襲來。

當被行程排得沒有空隙的時間，如積木般被逐一抽掉後，我該用什麼來填補？過去我用工作填補空虛感，但不曉得往後我還能不能再工作，我還能再次變得忙碌嗎？當內心的創傷變淺，人們的記憶也變淡時，會好一點嗎？

後來我想，我應該分享面對痛苦的經驗及克服傷害的過程，給情況比我更糟的人。我不會隨意拋下這段苦難，想以生存者和治癒者之姿留下。「典型的受害者」根本就不存在，每個人的語氣、表情和行為都不同，受害者的樣貌當然也各不相同。

我想對那些各自不同的人說：「這不是你的錯，選擇說出來是對的。」我想握住他們的手。與其費力去填補我收到的關注和幫助所留下的空缺，協助另一個人克服困難，也許才是徹底克服空虛感的唯一方法。

貓咪九原

MeToo當天借住的社運家有一隻貓，叫作「九原」。九原走向初次見面的我，做出想和我親近的表現。我很害怕動物，換作平常，我應該會逃之夭夭，但那天很奇怪，我卻任由貓咪坐在我身旁。我並不討厭貓咪這麼做，反而覺得獲得了安慰。「喵～」感覺就像貓咪在用自己的語言安慰受了許多苦的我。

「嗯，我好累，謝謝你看出來了。」我暗自在心中回答，摸了摸九原的背。我對這隻先靠近我的溫暖貓咪心懷感激，也是我第一次對貓咪產生憐愛之情。那天之後，我對貓咪的防備心完全解除了。

兩年前，朋友說家裡有好幾隻貓，邀我去玩，當時我雖沒有說，但完全不敢去。動物太可怕了。可是見到九原後，我突然想看看那些貓咪了。雖然朋友家路途遙遠，但我懷著久違的悸動去了，和五隻貓玩了好久。

遇見九原後，我忍不住想，動物似乎能夠認出受傷的靈魂。過去我誤解了那些靠近我的動物，我總會被嚇到，然後閃得遠遠的。九原擁抱了身心俱疲的我，之後其他貓咪又撫慰了我。九原是讓我擺脫恐懼的第一隻，也是唯一的貓，是牠把我從恐懼中救了出來。我希望有一天，那些被如猛獸的人攻擊的傷口也能獲得治療。

這一天，真的會到來嗎？

撲通撲通，第一次去看電影

我和女性主義教授約好見面，對方對性別平等與性暴力問題具有專業知識。我的心跳個不停，對我來說，和某人聯絡、約好見面本身就是非常大的挑戰。

我假裝自己是要去種花，穿著類似登山服的打扮出門。教授看到後對我說：「看妳穿這樣，就像個社區登山客，真的不知道是誰。」他介紹了一位和我年紀相仿的年輕女同事給我認識。

我興奮又擔心，遲疑著自己可以和新朋友聊天嗎？最後我決定相信教授。我們三人一起吃了牛肉香菇湯麵，接著去花市買了菊花、雪葉木和一點金冠柏。欣賞著藍、紅、黃的光澤，加上草葉香氣，整個人變得輕飄飄的。當香氣經過我的身體時，整個腦袋彷彿都被淨化了。把滿滿的花朵擱放在車上後，我們驅車奔向電影院。

我們看了《白小姐（Miss Back）》。小女孩的名字是「金智恩」，對遭受暴力的孩子喊：「金智恩！金智恩！」就好像在喊我。朝「金智恩」伸出援手的白小姐，就像此時坐在我身旁的兩位。我淚流不止，盼望電影中的「金智恩」能活下來。我握緊雙手，祈禱暴力加害者能得到應有的嚴懲。電影中的「金智恩」找回了日常生活，加害者被關進牢裡。希望這一天也能發生在我身上。

看完電影，我們到了一處偏僻的地方吃晚餐，喝了咖啡，兩位陪我度過了可說是「約會完整路線」的一天。很感謝能度過這樣完美的一天，至今我仍對提出邀約的教授感激在心。

其實那天回家後，我患了重感冒，對人的逃避症狀也加重了，好幾週都沒再出門，手機很少看，來電也很少接。長時間外出對我來說依然太吃力。雖然很幸福，但當時似乎超出了精神能接受的範圍。

禮物

今天是我的生日，真希望生日禮物能收到隱形斗篷和魔杖，想去魔法學校學習魔法。

偶爾當我憂鬱或全身無力、想補充能量時，就會點進幾個人的社群帳號，看看他們替我和酸民唇槍舌戰，從中獲得力量。雖然看到安熙正的支持者或酸民寫下的穢語和詆毀，我確實受到了傷害，但我打算盡可能瞇著眼睛，把畫面移得遠遠的，不去看它們。

看著根據「事實」替我據理力爭的文章，即便假消息滿天飛，依然有人毫不動搖，反而更強悍地逐一指出錯誤，還有為我加油的文字，我都會感動落淚，也獲得了力量，網路世界存在著太多太多想感謝的人，我卻無法好好道謝。

還有後輩擔心我的生計會有困難，分出部分薪水寄給我。在偶然的機會下，我得知後輩的薪水數字，雖然「薪水很低」這句話說出來很抱歉，但我忍不住心想，相較於工作所付出的高強度勞動，薪水實在太少了。後輩還從那微薄的薪水中分一部分給我，我到現在還沒能償還。真希望能夠趕快回到職場，把這筆錢還清。我欠的，是比本金多了好幾倍的人生利息。

還有一位後輩持續寄書給我。在哪裡都不能去的狀態下，在保護機構，在醫院，多虧有這些書我才能撐下來。看著後輩在書上印象深刻的字句，貼上密密麻麻的貼紙，把想要傳達的話寫在便條紙上，我收到了比任何長信都要深刻的訊息。

從自己的人生費用分出一頓飯的溫暖力量，親手做小菜後寄來給我的愛，以及女性運動人士活力充沛的心意，我從這些獲得了鼓勵。

透明朋友

大學時我很喜歡一部電影，是李奈映和曹承佑主演的《網上有緣（Who Are U?）》。電影中出現了「透明朋友」這個說法，雖然見不到面也無法通電話，這個朋友卻總是在你身旁，帶給你力量。當你想哭或想說什麼時，就去找透明朋友。當時我非常喜歡這個說法，無聊或在家時，就會嚷嚷著說要玩透明朋友的遊戲。透明朋友這幾個字似乎和電影中的意義不同，變成了我專屬的語言。

參加 MeToo 後，朋友多半都變成了透明朋友，我不能和熟人見面，也不太能通電話，但他們始終都在我身旁，光是和變成透明朋友的這些朋友聯繫，我就能獲得力量。總有一天，我要讓這些朋友再次變回有色彩的現實朋友，希望官司結束後，色彩就能恢復。我好擔心一切結束後，這些朋友依然是透明的。

我也想從頭找回自己的色彩，我想不起來自己曾是什麼色彩了。

對食物的禮儀

一審宣判後，因為有眾人齊心協力提供後援，我獲得法律支助、共對委（共同對策委員會）活動和受害者醫療支援等，但MeToo後少了生活費，我陷入困境。有一次錢用光了，身邊的朋友紛紛掏腰包，做小菜寄給我，買生活必需品給我，或在買自己的東西時，把買一送一的商品分給我。雖然獲得了幫助，但這些東西仍有用完的時候，我再次陷入困境。因為手機費和助學貸款遲交，我收到催繳通知，也拖欠了健保費，我陷入即便只有基本開銷也無法忽視的狀況。

我有好幾天的時間只喝水，因為花錢買礦泉水也很浪費，就將自來水煮沸喝。碰到餓得受不了時，就把剩下的奇亞籽倒進嘴裡，再灌入大量水分，暗自期盼奇亞籽會在肚子裡膨脹，帶來飽足感。

我並不覺得悲慘，這種事也不是頭一次發生。結束競選團隊工作，進入忠南道廳前，前輩說之後會告訴我該去哪裡，要我別管其他，先待命就對了，所以我也沒辦法打聽其他工作。但少了收入，當時也過著與現在差不多的生活。

也許是因為生活拮据，要是有人請我吃東西，我就會滿心歡喜地吃得很開心。看到我大快朵頤的模樣，大部分人都很開心，「智恩妳吃飯吃得好香啊，吃東西很有福相，看起來真好。」

「幾天前給的麵包都吃完了嗎？」

「是的，您前腳一走我就吃光了，躺著也吃，坐著也吃，當天就吃光了。」
「哇，妳真是麵包狂，我買了好多呢。」
「是呀，我真的很喜歡麵包，很好吃。」
「再這樣下去，很快就能把那家的麵包種類都吃過一輪了。」
「真希望能如願。」

只靠水充饑的那段時間，讓我明白了吃飯的幸福。但如今我想要擺脫生活拮据之苦了。雖然要能自給自足仍需要時間，但我想用親自賺的錢解決生計問題，也想與他人分享。我期待在好的職場中再次成為勞動者，過著有固定收入的生活。

冰箱前的仙人掌

仙人掌之所以生長在熾熱貧瘠的沙漠裡，想必起初並不完全是因為喜歡那種環境，會不會只是因為剛好在那種地方生活，才堅忍地撐下來呢？會不會是因為它活著，人們才以為仙人掌是喜歡那種生活、喜歡沙漠的植物，就像我從某一刻開始，被稱為「受害者金智恩」一樣。

在植物中我最喜歡仙人掌。還在上班時，只要心情鬱悶時就會去買一株仙人掌。不知不覺，買回來的仙人掌多達數十株。我的心情曾經碰過這麼多陰天嗎？我數著仙人掌。意志消沉時，只要看到仙人掌玲瓏可愛的樣子，心情立刻就會好轉。我會喜歡仙人掌，是因為它只憑最少的光線和水分就能活下去，堅韌又有活力，彷彿只要我流幾滴淚，它也能只靠淚水活下去。

我的一號寶物也是仙人掌造型的相框，那是偶然在跳蚤市場邂逅仙人掌的畫作，一位前輩買來送給了我。仙人掌把雙腳往身體的方向拉，用雙臂摟抱自己的模樣，和獨自蜷縮蹲著的我好像，我每天都在家裡的冰箱前那樣坐著。

此時我過的就是仙人掌的生活，我成了某人的嗜好、某人的商品，甚至是讓某人大飽眼福的物品。每天、每小時，我都被陳列在臉書、部落格、推特和Youtube上，成為網友用惡意留言消除壓力的對象，或釣魚文、釣魚影片的廣告收入來源。我成了大家嘻笑的話題，也遭到物化，外貌和身材都被品頭論足，保護著我的尖刺都被拔掉了，鮮血滴滴答答地往下流。

真希望大家可以放著仙人掌不去管它。仙人掌連自己為什麼生活在沙漠都不知道，一直很認真地生活，希望大家可以停止威脅它人生的行為。它只不過是遭到了性侵，為了生存而逃亡，很努力想要活下來而已。

和智恩與智恩的朋友見面

我朝某處走著，卻走進一條陌生的路。我走來走去、試圖找到方向，卻偶然發現一張眼熟的紅色海報。那上頭有好多「智恩」這個名字，瞬間我以為自己要窒息了。我沒辦法就這麼經過，於是停下來細看。啊，原來是智恩連署活動寄到性暴力諮商室的那張海報啊。竟然在這裡發現這個，我感到有些神奇，也因為感謝，忍不住在內心小小歡呼了一下。

後來又有一次走那條路，身旁的朋友要我走進書店告訴老闆：「我就是那個金智恩，謝謝您張貼那張海報，讓我獲得了眾人的力量。」雖然最後我沒有走進書店打招呼，但只要想到貼在那個地方的海報，內心就很踏實。佩戴黃絲帶[35]那段時間，當遺屬偶然在某處看到那個絲帶時，心情是否也是如此呢？

我喜歡上了那條路。此時我也閉上眼睛，輕輕在腦中描繪那間書坊與貼在玻璃窗上的海報。

#保護隔離

宣判無罪後

二〇一八年八月十四日，安熙正被判無罪。聽到「安熙正無罪」這幾個字，我無法抑制心中的委屈和鬱悶，卻不能讓情緒爆發，只能一個人默默打開宣告無罪的法庭大門，無力地坐在走廊上，茫然地流淚。就連淚水都是虛弱無聲地簌簌流下。「不是無罪啊，不是啊，不是啊，不是無罪啊……」我如此喃喃自語，感覺被困在潮濕沉重的烏雲中。

35 指世越號船難發生後，韓國發起佩戴黃絲帶悼念受難者的活動。

以信賴關係同席人到場的社運家見我不在法庭內，出來找我，看到我茫然若失地一屁股坐在門外。我在社運家的攙扶下踉蹌地走著，卻想不起來自己走向了哪裡，一切如同斷電般失去記憶，在那之後的時間都被喀嚓剪掉了。

聽身邊的人說，我有三天不吃不睡，後來決定入院，因為當時狀態不適合一個人待著。準備住院行李時，我帶上垂掛黃金葛枝葉、裡頭住了兩隻魚的小水缸，我若不在家，會讓我擔心的就只有這兩個朋友。

社運家後來回想當天我的樣子：「妳看起來很憔悴，一手拿著養魚水杯，就像《終極追殺令》中捧著盆栽的瑪蒂達。」但我並不像電影主角那麼帥氣，只讓人心疼。社運家說，我就像心思不知道飄到哪裡去的人一樣。

做了幾項檢查後，我直接住院了。我沒辦法進食，沒辦法睡覺，卻不斷嘔吐。儘管勉強靠打點滴恢復，但身心都很痛苦。原本只帶著「去打個點滴就會好轉了吧」的想法去醫院，但沒想到我的狀態嚴重很多。平時就算生病我也很少上醫院，不把它當一回事，認為「只要專注在工作上，一兩天就會自己好了」，但現在光是住院、出院，就多達了四次。

病床日記

隔了八個月又住院了。雖然一直有去門診，但完全不足以支撐。幾個月來，我的體重增加了九公斤，醫院說我的暴食症太嚴重，不能再繼續胖下去。之前醫生說我營養失調，現在卻成了暴食症，身心狀態四分五裂。我心想，必須控制病情才能活下來，於是掛急診接受專科醫師的診療，決定遵照醫師判斷，在深夜緊急住院。

二度傷害更加嚴酷，調查卻毫無進展，彷彿大家都像那些造假文章一樣，用異樣眼光盯著我，我很難受。難道我非死不可，才能改變他人的目光，才會被相信嗎？

他們所說的「假MeToo」究竟是什麼？在韓國社會，究竟有誰會想說出自己被強暴、遭受性暴力，把自己的人生搞得分崩離析？我還活著，大家就如此含血噴人了，要是我死了，他們肯定會捏造更誇張的謊言，或另一套新說詞。

每一個人都是共犯。被告夫人的主張、訊息截圖與被告提交的抗告理由書完全無關，新聞卻拿來大肆渲染，而我每一次都被強迫赤裸裸地站在街頭。

安熙正的律師為什麼會認為我的婚姻經驗、學歷和年紀會對這次事件造成影響？討論「性暴力受害者的條件」是正確的嗎？不是應該把焦點放在性暴力加害者的手段並加以預防嗎？為什麼全成了受害者的錯？

放下鎮靜劑

我正在精神科保護病房。

凌晨時分，當水都喝完時，我經常打開房門，偷偷觀察周遭，到位於正前方的茶水間去裝水，前後最多二十秒。雖然只是一下下，但我必須敏銳地注意他人的動靜，迅速地去裝水。儘管如此，當我裝完水回到病房時，偶爾仍會在走廊撞見其他患者。

某個凌晨，其他病房的奶奶慢條斯理的逐漸向我靠近，毫無所悉的我裝完水，在回程和奶奶撞個正著。因為受到太大驚嚇，我的肩膀大力抖了一下，奶奶也嚇到了，以為自己背後有什麼，連忙回頭看。當下我實在很愧疚，即便在我眼中的奶奶年邁瘦小，對任何人都不會造成威脅，但就在奶奶轉頭那一刻，我連忙進了自己的病房，因為太害怕還用跑的。心臟跳個不停，脖子的肌肉也很緊繃。

奶奶也一定受到了不小驚嚇吧……我很過意不去，擔心奶奶會不會以為我是看到她才嚇到，為此傷心。我忍不住想起小時候很疼愛我的奶奶。我覺得大概要吃顆鎮靜劑才能平復心情，但就在拿起藥物打算服用時，又再度放下。再撐一會兒吧，我不過是見到奶奶罷了。

時間太過緩慢

二〇一九年三月二十一日，我遭受安熙正夫人的第三次侮辱。太悲慘了，我等於是被殺害了，恨不得立刻提告。以為過去早流乾的淚水再次流個不停，血液直衝腦門，我用力敲自己的頭，狠抓頭髮，蜷縮著身體，不停重複這些動作。

但我很快就穩住心情，打定主意不回應。安熙正夫人用謊言解讀在法庭上爭辯的內容，任意外流，藉此再次褻瀆我的人格。如果把她的文章當成事實回應，顯然她也不會聽進去。她犯下嚴重的個資侵害與散布、扭曲，甚至非法散布醫療紀錄。

太陽穴陣陣抽痛，呼吸也不太順暢，腦袋雖告訴自己會沒事，身體卻無法隨心所欲。我借助安眠藥稍微瞇了一下，每回再次睜眼，大約都過了一小時。幸虧有別於我的憂慮，可怕的夜晚並沒有靜止，依然流淌著。

真希望吃藥躺下、再次醒來時，時間就已經大把流逝，希望已經是過了一天、兩天或三天。我沒有自信自己面對。

總是對我說「沒事」的社運家說：「別忍著，我知道妳感覺很糟。妳太用力忍耐了，看了好心痛。大叫也沒關係，要把情緒宣洩出來，哭吧，別壓抑，現在大家都和妳一樣憤怒。」

「我沒事，我會整理好心情！」嘴上雖對擔心我的人說我沒事，但我的狀態絕對不是沒事，而且連收拾心情的力氣都沒有。我無力地躺著，腦袋迷迷糊糊的，之前拿藥過來的護士敲門時，好歹我還會應一聲，現在就算聽見也默不作聲了，一心只盼著吃完藥能一連睡上好幾天。

我想，相信並遵照律師和社運家討論出來的結果，是現在最好的選擇了。我不能動搖，只不過懷疑，面對往後更變本加厲的謊言，我能撐住嗎？

好累，感覺很差，狀態糟透了。倘若性暴力是一種對身心的殺害，二度傷害就是對現在、過去與未來的人生，對自我、人格的殺害。假如性暴力是不公開的殺人，二度傷害就是公然持刀亂砍。感覺就像衣服被撕成碎片、扒光，全身赤裸地遭到鞭打，這種生不如死令我痛苦萬分。

我徹底斷食了。餓了好多餐沒吃，最後才勉強舀了一勺粥放進嘴裡，然後就放下湯匙。我沒辦法再吃任何東西，水泡菜湯也只喝了一口。

接著在某一刻，我開始在日記寫下這些內容：

三、二十一：我覺得自己被人殺害了，好想吞安眠藥自殺，再也不想醒來。

三、二十二：吞下安眠藥後，我不想再醒來了，希望時間可以走快點。

諮商時，主治醫生說：「妳沒死，妳還活著，一旦試圖尋死，妳就真的死了。」

時間好難熬，一秒、一分、一小時，指針滴答走動時竟如此沉重。時間的平衡確實值得尊重，它的步伐總是一絲不亂，滴答、滴答，才過了十五分鐘。時間走得實在太慢了，好漫長，好累，好煎熬，好痛苦。我吃了鎮靜劑，真想同時吞下好幾顆。

Q　什麼最讓妳痛苦？

A　時間走太慢，我希望吃完藥後，時間可以走快點。

Q　走多快？

A　一個禮拜。一天接著一天過去，好像要過一個禮拜才會好一點。

Q　現在覺得很累嗎？

A　對，我希望一天可以趕快過去。

晚上六點，餐點送來了，我勉強將一匙粥放進口中，就再也吃不下了，直接蓋上蓋子；晚上七點，社運家買了咖啡和麵包來探望。我撕下麵包，一口一口咀嚼著，有人和我一起吃，就稍微能吃一些，熱咖啡也喝了一口，肚子很難得地填飽了。其他社運家也來了，好幾個人待在一起，比較能忍受一些，就像打了鎮靜劑般，心情也變好了。

但大家都離開後，空虛感再次湧上，各種情緒朝我襲來。我再度服下鎮靜劑，真希望時間可以趕快到下週，到一年後。我希望自己能得短期失憶症或失去意識，睡上很長的一覺。為什麼沒有這種藥呢？難道只能去死嗎？

三月二十三日星期六，整夜輾轉難眠，禍根似乎是因為我在昨晚見到大家時裝沒事。全身被疲痛籠罩，睡睡醒醒，還做了有很多人出現的夢，整個人暈頭轉向。朋友、前輩、後輩、同事，還有其他朋友、陌生人……全身好痛，夢境將我吞噬，我被沉重的石塊壓住，眼睛不斷張開闔上，好幾次確認是夢境還是現實。被無數夢境擠壓的雙眼積滿疲憊，腦袋昏沉沉的。

現在走在地面的是我嗎？睜開眼的是夢中的我嗎？當一個人精神恍惚時，大概就會像故障的電視般發出「嗡——」的聲音，接著出現穿插灰、黑、白線條的雜訊畫面吧。我，成了一臺故障的機器。

身體狀況不佳，體溫也上上下下，忽熱忽冷，無法維持在適當的溫度。當身體健康時，體溫會自動調節，我現在是處於反應遲緩的狀態。

我再次坐在病床上，拿起了書。入院那天帶了兩本書，是要好的後輩寄來的，一本是輕薄的文字書，另一本則是能久讀的厚書。讀了一陣子後，發現窗外的櫻花在不知不覺中綻放。三月過去，四月很快就會來了，如果能在溫暖的日子出院，我想去散散步。

憂鬱的雲朵在我頭頂下起了雨，我淋了好久，才意識到自己需要一把傘。我無法再承受滴滴答答落下的憂鬱，於是按下呼叫護士鈕。

「麻煩幫我打鎮定劑。」當藥物被身體吸收，內心安定下來時，我打給媽媽，光是聽到媽媽的聲音，就覺得很開心。

「媽。」

「怎麼了？心情不好嗎？」

「沒啦，只是免費的通話時間沒用完。」

我沒辦法告訴媽媽自己生病，我想當個開朗堅強的女兒。聽著媽媽的聲音，我不知不覺睡著了。

我花了很多時間調整心態，低劣的攻擊沒有回應的價值，我連靠近它們都不願意，否則很難再回頭清洗自己的眼睛和耳朵。說謊也該有個限度，原來根本不該期待有所謂的品格和人格。

“When they go low, We go high.”（當他們越低劣，我們越要守護格調。）這是我參加 MeToo 至今，並肩作戰的朋友時時提醒我的話。即便面對企圖掩飾謊言的低級行為，我仍堅定意志，忍了又忍。然而那句帶給我力量的話，此刻聽來卻如此苦澀。至今韓國社會仍對性侵加害者的家人抱持同情，即便我是受害者，仍有人勸我不要和加害者的夫人硬碰硬。最後，我決定不再與對方有任何牽扯。

某位朋友對我說：「再次感謝妳，幸好這種人沒有當上總統和第一夫人。」我既感到難為情，也很哀傷，腦中閃過了自己付出真心為他們工作的時光，全身不禁打起寒顫，思緒混亂。

這份痛苦會持續到我死為止嗎？真想擺脫它。

病床上，寄不出的信

我在醫院裡把自己的心境寫成一封信，雖是為了治療，一方面也想讓世界看到這封信，但最後仍沒有寄出。畢竟眼下似乎把心力集中在恢復身心健康才對。

雖然比之前好多了，但我依然難以回復正常生活。我看了無數篇憎恨、說想殺了我的留言，也看到有人說自己靠著想像發生在我身上的犯罪畫面來解決性需求。那些文字讓我無法走到外頭，也無法享受日常，就連去接受治療也會恐懼，全身裹緊緊的，只在小小的安身之地和醫院來回。

從二月開始，看到加害者太太上傳的三篇文章，我更加煎熬。但有句話我一定要說，因此提起了筆。

拜託，請停止吧。我不想以怨報怨，也不想在虛假的文章上畫底線，我並沒有想和加害者的家人對抗。

據我所知，加害者太太上傳的三篇文章，社運家金慧貞老師（韓國性暴力諮商所副所長）都以個人臉書帳號代我回答了。在一審和二審中，我也透過證據和陳述仔細說明，錯誤的主張和證據均已遭到反駁。診斷書無造假，也被視為證據採用。

抗告審判決文第一百二十四頁：

我得了多囊性卵巢症候群，從很久前就以治療為目的，持續領取該藥物服用。遭受性侵後，我到醫院諮詢並接受診療，也把診斷書交給調查機關。

加害者表示親自銷毀了手機，儘管加害者的其他證人提交了沒有前後脈絡的訊息截圖，但都沒有經過調查機關的鑑識過程。那都是我光明正大提出的證據，請不要混淆視聽，說得好像是透過什麼才被揭露的一樣。

我先前也替加害者的家人工作，不分晝夜與週末。任用權者的太太也等於是我的上司，對於她吩咐的工作，我都盡全力去做。

我告安熙正，但並未將責任轉嫁給他的太太。我不過是為了防止其他犯罪發生，為了擺脫煎熬的地獄，才加入MeToo行列，而那整整一年我都活在痛苦中，這就是事情的全貌。

如同加害者有需要守護的家人，我也有家人，謊言和憎恨不是只有你們的支持者看到，我的家人也都看在眼裡。

拜託停止吧，守護身為人類的尊嚴。

在此懇切地拜託大家。

鼓起勇氣的春天

三月二十七日星期三，我在凌晨兩點到四點間睡著了。雖然睡著了，仍感覺到彷彿氣管緊縮般的痛苦。脖子的肌肉很痛，不斷在拉扯、揪緊，頭很痛、後腦杓也痛。我覺得自己可能需要打個點滴，於是按下呼叫鈕，接著再次短暫入睡。

第二天狀態好轉，我以感謝的心情傳訊息給社運家：「要是沒有你們每一個人的幫忙，我大概會化為塵土，不著痕跡地消失吧。」

社運家回覆：「妳並沒有化為塵土，我們一顆一顆凝聚起來，形成了山丘，又成為了山脈。」

我決定換個角度思考。我並沒有在痛苦中消滅，而是透過痛苦，朝生成的過程前進；我試著期待，現在的時間並不是痛苦造成的解體或死亡，而是為我帶來全新誕生的機會。春光開始一點一點縈繞，我在春天鼓起勇氣，也為病情正在好轉而萌生感謝。

那棵看起來彷彿已經死去的樹，整個冬季蜷縮著身子，已然乾枯，讓人忍不住擔心它是否還會冒出新葉。然而在粗糙濁黑的樹幹以及惹人哀憐的嶙峋樹枝間，長出了比指甲還小的花苞。儘管太陽照耀的時間極為短暫，樹木卻傾注全力地聚集光芒的溫度，創造能量，生出顏色極淡的嫩葉，勇氣值得嘉許。

這個早晨充滿了春暖花開的氣息，我換了藥，打了點滴，也多少吃了些充滿春天氣息的配菜。

雖然努力沒有發揮效果，憂鬱症的壓力很快以頭痛、肌肉痠痛和關節炎的症狀擴散開來。面對滿是尖刺的言語和召喚死亡的文字，就算快速切換電視頻道，看到新聞的留言時也閉上了眼睛，但我就像被進行了某種實驗，在短時間內，全身每一處已留下一條條尖刺劃過的痕跡。

支離破碎的生活依然無法拼貼起來，我仍以碎裂的狀態活著，但依然存有希望。不過是碎裂罷了，我沒有消失不見，就算會留下痕跡，我也想把生活慢慢拼貼完整。

出院延期

四月三日原本是預定出院的日子，但昨晚發生一場騷動，所以沒有順利出院。我對原以為可以出院的媽媽說：「還沒找到合適的藥，需要再調整一下藥物。」

若醫生在面談時問我：「父母沒來嗎？」我就會回答：「上次來過了。」我不想讓生病的媽媽辛苦的跑來醫院照顧我，看到我痛苦的樣子，還只能趁隙小睡片刻。後來，即便我沒有監護人陪同，醫生也不再過問了。

從小就是這樣，因為我是長女，想成為媽媽的依靠，也認為自己不能成為媽媽的包袱或被照顧的對象。我告訴自己不能闖禍，不能生病，也不能讓媽媽操心。我和妹妹、爸爸、爺爺奶奶、外公外婆，媽媽要照顧的人太多了，至少我要好好撐住才行。

無論是上研究所或找工作，我都不曾和家人商量，因為我討厭家人替我擔心。或許這只是藉口，實則是怕就連我都不確定的未來會被家人看穿，才築起滴水不露的屏障。只有碰到好事時，才像是突然拿出禮物般給他們驚喜。儘管我做得並不好，但至少父母一直很信任我。

MeToo後，現在我試著連小事也都和父母分享，只不過生病這件事依然無法輕易開口。早上面談時，醫生說：「不可以自殺，也不可以自殘。」我當然沒辦法對媽媽說我的情況。聽到媽媽開朗笑著掛斷電話的聲音，徹夜無法入眠所累積的倦意似乎瞬間湧上，我應該能小睡一下了。

世界的溫度

剛出院回到家，就有一股冰涼的感覺。醫院的溫度和外面不同，家裡太久沒人在，被寒氣籠罩。我簡單梳洗後，用毯子裹住身體躺了下來。原本和擔心我的媽媽約好要回故鄉，讓媽媽看看我，卻無法準時起床，拖了很久才出發。回故鄉的路上，覺得忽熱忽冷，沒辦法維持正常體溫。

一回到家，媽媽就一把摟住我。她看不清我戴著口罩的臉，直到我梳洗完畢、吃著滿桌菜餚時，媽媽才問我怎麼一張臉紅通通的。我照了鏡子，發現自己的臉簡直就像秋天的楓葉。睡醒後發現整張臉像起紅疹，腫得比剛才更厲害了，於是媽媽拿了罐退燒藥給我。在醫院待太久，身體一下子沒辦法適應世界的溫度。

儘管出院前仍很不安，但也沒辦法在醫院住一輩子，雖然心情還是很低落，但我決定要克服病情並接受門診治療。之前沒辦法到病房外，肌肉都流失了，要靠自己站立變得很吃力，但就算是勉強自己，我仍執意出院。我以為都已經痊癒了，我都有按時服藥，這樣應該就行了。

可是真正走出病房後，我卻像迎風的柳樹般充滿恐懼，無法戰勝這股強勁的氣息，全身凍結，臉上冒出紅斑和紅疹，左臉好像也抽筋了，彷彿只要稍微碰觸我身上的任一部分，就會立即碎裂。

一天天過去，恐懼也逐漸擴大，很快就變成一朵烏雲在我頭頂飄浮。雖說吃安眠藥就能入睡，但我太痛恨那種短暫記憶中斷的後遺症，會越來越討厭自己。我竭力讓自己遠離藥物，憂鬱症也變得越來越嚴重。我能適應醫院外的生活嗎？我只能一輩子待在醫院嗎？我，碰上了真實存在的恐懼。

飄落的花瓣也會掉淚

見到花瓣從美麗的櫻花樹上飄落的畫面，我的淚水不停落下。

你也走過了這一年啊。

一年前的二〇一八年四月十五日晚上，站在漢江上方的我見到繁花似錦的樹。對別人來說最美麗的春日，對我卻是殘忍的時光。我該從橋上跳下去，還是到偏僻的地方割腕，或先吃安眠藥再投河自盡？我把能幫助我做出極端選擇的工具放滿口袋，望著流動的江水許久。夜晚的空氣彷彿冬日般冰冷，我哭哭停停，一下發呆一下回神，打給能聯繫的朋友說了一堆奇怪的話，像是我要去死，別來找我之類的。

後來才聽說，那天朋友和我聯繫後，和其他社運家商量要報警，但擔心之後會徒生困擾，決定先分頭去找。後來實在找不到人，才打一一九，甚至撬開我住處的門，引起一場騷動。

那天我沒死成，平安回到了家，又多活了一年。

本來想尋死，但最後一刻想起看到我變成屍體、心如刀割的父母，還有因我的死而安心的人。要是我死了，真相也會一起消失。並不是我死了，審判就會結束，我不能死。

一年過去了，卻沒有太大變化。去年提告的二度傷害調查中，起訴安熙正的親信兼現任政治人物的幕僚一案依然未獲得解決。安熙正周遭的人仍持續放假消息、撰寫惡意中傷的文章，部分激進支持者四處散布訊息的情況也絲毫為減，我每天都萌生好幾次不如去死的念頭。

蕭瑟的氣息，霧氣迷濛，彷彿雨水即將滴答落下的凌晨，我在花瓣全數掉落，只剩下凋零枝幹的櫻花樹下走著。這個世界美麗如昔，但死亡的苦惱未曾離我遠去。雖然試圖吟唱希望之歌，緩衝狀態卻遲遲沒有結束。

第五章

依然要活下去

＃MeToo後的現實

一審時，法庭認定「由於業務上的垂直權力關係，被告身處得以壓制受害者自由意志之地位、職務與影響力等，但被告並未行使之」。

但權力的存在與行使是同時發生的，職權性侵並不特殊，它不過是在我們生活中不分對象、隨時發生的另一種暴力。無數勞工、垂直關係中的弱者在生活中所感受的威權，不只是肉眼可見的施暴與脅迫，而是僅用沉默與眼神就能壓制對方，在工作場合上被迫喝酒，忍受不喜歡的玩笑，必須在聚餐時替長官斟酒，都是多數勞工經歷的權力問題。

對二十四小時都在執勤的隨行祕書而言，上司的地位也同樣是二十四小時，故意把這點用在性犯罪上的加害者，理應受到懲罰，但我所面對的現實迴避了這項重要的判定。

我不再是勞工了，我無法工作，也沒有收入，必須擔憂生計。提告後，超過一年時間都只把心思放在官司上。一路走來始終勤奮生活的勞工人生，在被認同為勞工人生之前，就先被評為「言行舉止與受害者該有的模樣背道而馳」。希望工作能穩定而攻讀研究所，成為加害者「能明確判斷並拒絕犯罪的高學歷女性」論調；辭掉先前工作進入選舉團隊，則成了粉絲追星的行為；至於不分晝夜的處理工作，也變成是因為喜歡被告而遭到謾罵。

假如當時更強勢的要求保障正常勞工的生活，這些就不會發生了嗎？把工作放著不管、逃避現實，就比較像受害者嗎？必須維持生計、迫切需要工作的我立刻辭職，就比較像受害者嗎？一起共事的人無疑是最了解的，已經被貼上安熙正陣營標籤的我，根本進退兩難。「是她自己辭職的，辦事也不力」，只要經過一、兩次資歷查核就知道真偽了。

先前我也曾經收到「安熙正無罪」的判決書，儘管最終收到了應有的「安熙正有罪」判決書，但在二度傷害依然層出不窮的生活中，在扭曲的有色眼光中，我依然是無法工作、處境悲慘的「非」勞工。

受害者在控訴職場性暴力與職權性暴力後便前途渺茫，這並不是只發生在我身上的事，其他受害者的遭遇也差不多，我們真的很需要有人幫助我們重新就業，關注這個議題。

檢舉性暴力並不容易，這代表必須讓自己的臉和姓名曝光，也賭上自己的人生。就算以非公開方式檢舉，受害者隸屬的組織也會立刻就查出檢舉者是誰，透過口耳相傳，受害者的身分也會瞬間就會傳出去。大部分的性暴力都源自權力差異，加害者依然在組織核心具有影響力，展開針對受害者的組織性攻擊，這即是二度傷害。倘若受害者想脫離其權力範圍，就必須把自己在該領域累積的一切都拋棄。

參加 MeToo 後，我和其他事件受害者碰面，分享經驗。大部分受害者都失去工作，必須離開原本的產業或成為自由工作者，但就連要當自由工作者也耗費了很長時間。還有好幾個人搬到加害者影響力無法觸及的外國。

受害者說，無法輕易甩掉對加害者的恐懼，就算加害者去坐牢，雙方被分隔開的時間也只有一下子。有人經歷了與出獄後的加害者撞個正著的恐懼，被當面威脅。那種恐懼會跟著受害者一輩子，只要活著一天就絕對不會消失。

加害者攻擊受害者的論調和模式都差不多，他們搬出「受害者的樣子」這個說法，意指受害者的言行舉止不像個受害者。

他們湧入受害者的社群網路窺探，攻擊受害者為什麼這天要這樣笑，為什麼仍若無其事地工作，受害者的生活遭到解體。即便只是提出自己遭遇性暴力的問題，但直到問題解決為止，所遭遇的不合理卻必須全部由受害者承擔。即便最後受害的事實獲得承認，受害者依然無法重返公司或學校，這就是我遇見的 MeToo 受害者面臨的真實狀況。

#大韓民國的無數個「金智恩」

進入道廳不久，安熙正的駕駛祕書就對我性騷擾，儘管我向組織反應這件事，大家卻只把它當成耳邊風。他們以「組織必須正常運作」為由，認為被外界得知可能會釀成更大的問題，我的傷害變成一種代價。我知道組織的運作模式，已經忍耐與苦惱很久後才要求他們改正，結果仍是老樣子。

由於「加害者已經道過歉」，我再次被迫與加害者進入同個空間工作，大家也認為這很順理成章。按照他們的邏輯，問題已經解決了，假如我再有意見，對他們來說是不能容忍的。我被勸導，雖然我曾經受害，卻不得再有任何受害者的行為。假如不這麼做，就會被炒魷魚，必須提心弔膽地擔心生計的我，不能因為「錯不在我的事」而失去工作。

之後，安熙正開始出現性暴力行為，我不知該怎麼辦才好。安熙正身處的地位是駕駛祕書無法望其項背的，更是掌管組織的人。第一次犯罪是發生在俄羅斯出差時，當時我還只是個對隨行祕書業務不熟悉的新人。去俄羅斯的幾天前，父親才動了大手術，沒辦法到醫院探病的愧疚也讓我處於不安狀態。我帶著龐大的壓力抵達俄羅斯，卻在執行工作時被安熙正叫入房間，就在那裡遭到性侵，安熙正隨即道了歉，說自己做了愧對年輕幕僚的行為。

在我意識到自己發生什麼事前，還必須繼續處理我的工作。儘管很想死，也不想承認現實，但在我掌握情況和對策前無法對任何人訴說。我害怕極了，無法相信任何人，也想不出地位更高、能夠控制安熙正的人，反倒更害怕我的舉動會帶來人事變動。忠南道廳負責性別問題的是六級的主管，安熙正隨時都在和忠南警察廳長及地區檢調長官通話，我究竟能向誰檢舉？我想不到。之後的隨行祕書生活即是一連串的痛苦，十次的強制猥褻和性侵中，有八件發生在還是新人的階段。

我猶豫了很久，最後向先前的隨行祕書吐露自己的遭遇，得到的回答是「妳自己小心」、「就算晚上因為工作叫妳去，妳也別去」，前任人員比任何人都清楚，隨行祕書根本就不可能這麼做，他卻這麼告訴我。最後一次性侵發生在第三次性侵後的六個月，也就是二〇一八年二月，MeToo議題正被世人討論得沸沸揚揚時。在MeToo披露世界的真實面貌後，我知道世界上有許多和我有相同遭遇卻無法開口的人，因而產生同質感，但我很害怕。

參加MeToo後，我被迫離職。雖然我並不期待什麼，不惜丟下飯碗也要說出來，只因為想活得像個人。後來我才領悟，由犯罪傷害與道歉構成的枷鎖，永遠不會有結束的一天。儘管為時已晚，但我真心想要隱藏那份長久漠視的痛苦。我參加了MeToo，但我沒有放棄人生。之後將近兩年時間，我沒有工作，全心投入地打官司，也接受了精神科治療。

#治癒，與受害者的連結

我決定開始做瑜珈。我和十多年前參加MeToo的老師碰面，學習了讓心靈平靜的瑜珈，也學了坐著時可以做的簡單動作，像是必須長時間坐在法庭上作證，在緊張狀態下如何放鬆地進行陳述。老師也教我休庭時能消除疲勞的伸展操，以及平常就能輕鬆做的呼吸法。

老師還教我如何找餐廳。有些外國人經營或外國人經常光顧的異國料理餐廳，幾乎沒什麼韓國客人，我可以安心用餐。我們一起去了印度咖哩餐廳，吃飯時真的很順利。多數客人都是外國人，不用看他人眼色，讓我安心不少。

那位老師讓我不由得肅然起敬，她是如何在十九年前站出來揭發MeToo事件的呢？我能從老師的生活中看到我所經歷的困難，也隨時向她尋求建言。老師仁慈而充滿智慧，她的存在本身就足以帶給我力量。儘管彼此因為這樣的事情相遇，這樣的心情令人苦澀，但也因為我經歷的無數困難，老師全都經歷過，因此得到了很大幫助。

有幾名受害者參加了老師主導的小聚會，當場表示自己曾是受害者，或曾幫助過受害者。在此引用一名受害者描述當下感想的文章[36]。

我也曾有過非常痛苦，相信唯有一死才能解脫的時期。我是被父親性侵超過十年的親族性暴力倖存者。（……）社會觀感都認為倖存的受害者是脆弱不幸的，我也對於苦惱著自己是否必須演出他們想要的倖存者面貌，也不希望暴露我是性暴力受害者。今天見到揭露自己是倖存者以及給予支持的人，我才理解真正的「MeToo」與「WithYou」的力量。（……）

我的人生曾經毫無尊嚴、權利與自由，就如同死亡本身，每天都想死。家中沒有任何人尊重我，從小我的母親就離家出走，我與撫養我的奶奶關係非常糟，我就像一名寄宿者，連吃個東西都要看奶奶的臉色。我很喜歡吃蛋料理，但就連一顆荷包蛋都必須偷偷躲起來吃。真是比挨打還悲哀，不如死了算了。

我雖迫切想死，卻也想活著，我怨恨想苟且偷生的自己。像我這樣的倖存者，會不會並不是真的想死，而是想要避開加害者，避開無法遺忘的地獄，獲得平靜呢？會不會是想遠離活著就必須面對的痛苦和絕望，逃到最安全的地方？然而比起活著，更靠近死亡的我們依然必須活著。（……）總有一天，我能成為倖存者的另一種示範和選擇。

在那個聚會認識其他受害者後，至今我們仍會碰面。在我最孤單低潮時，在萌生尋死念頭、與世界斷絕時，是那人救了我，陪我整理糾結的情緒，鼓勵我，幫助我擺脫黑暗，讓我變得更堅強。據說，那人也因為和我一起的時光而逐漸恢復活力。為了往後能報答自己所得到的幫助，我們彼此約定要健康長壽。

某天我收到一封信，是我在選舉團隊認識的後輩寄來的。後輩說，她曾對政治圈氾濫的性暴力感到無能為力，如今決定改變想法，從我的發聲中獲得勇氣，目前很堅強地在度過。我再次從過往的勇氣中獲得安慰，儘管參加 MeToo 讓我支離破碎，但只要能避免一名受害者出現，對我已是萬幸。

受害者之間的分享帶來了奇蹟。透過互相伸出援手，我們安慰彼此，被這份力量治癒，並得以欣賞雨後在天空開展的巨大彩虹。

36 出處：《韓國性暴力諮商所期刊》八十三號，二〇一八。

#日常恢復計畫

我發現了一個專案計畫叫作「日常恢復計畫」，旨在幫助性暴力受害者重返日常，親自企劃與執行他們所需的一切。只要受害者具有改變人生的意志，這個計畫會幫助倖存者學習新事物、旅行、和同行者一起享受能讓破碎日常恢復的文化活動。

我想給自己勇氣。之前總是企圖改變生活卻半途而廢，所以想半強迫地試試看。就像是被稱讚表現很好時就會增加的葡萄貼紙，我需要某個能激勵我回歸日常的東西。也許「日常恢復計畫」就是「某個東西」。

性暴力諮商所也曾進行日常恢復計畫，在會員的支援下，聽說總共有九人參加。為了未來的生活，為了變得更堅強，參加者學習新知識，也在過程中邁出治癒的一步。

有位參加者送了禮物給受害當時幫助自己的朋友；另一位參加者和朋友獨處，敞開心房對話；透過閱讀獲得安慰的參加者買了好幾本書；也有人擁抱了對自己而言很珍貴，之前卻沒有餘力回顧的人。

我也填了報名表，寫下因性暴力遭遇的艱辛，以及難以走向外界的狀況。我寫道：想和給我力量、幫助我活下來的人一起重建生活。恢復健康後，我要從微小的一天開始，逐一完成每件事。第一件想做的就是和始終支持我的家人共度時光。

身在遙遠的求禮郡[37]的社運家可能是擔心我，傳訊息問我好不好。

智恩：我很好，好想去國外。
社運家：春天來了，別猶豫了，趕快去吧。在國外也沒人會認出妳。
智恩：官司怎麼辦？
社運家：官司不會因為妳不在幾天就怎麼樣。
智恩：那我好希望可以一直不在，嗚嗚。
社運家：嗚嗚。
智恩：好想活在電影中。

37 求禮郡，位於全羅南道。

社運家：現在發生的就是電影情節。

智恩：太討厭這種電影了。去旅行就會變好嗎？真想把一切都清空。

社運家：與其說是做了什麼而變好，更像是轉換氣氛吧，遠離住家和醫院。

智恩：我想去天寒地凍、下很多雪的地方，不然就是超炎熱的地方。

社運家：去濟州島怎麼樣？現在也很適合走路。

智恩；我不想聽到韓語，好想掉進奇怪的國度[38]。

社運家：還有比這裡更奇怪的國度嗎？

智恩：這裡是痛苦的國度。

社運家：這倒是。

智恩：真的得好好考慮一下了，腦袋都被塞滿了。

我決定試著走出家門，走出醫院。試著走到外頭吧！我在背包內放了紫菜飯捲、水和軟糖，想和幾個志同道合的人一起吵吵鬧鬧地走著，就像帶孩子們去西五陵踏青的申榮福[39]老師般，懷抱如蒲公英般輕盈的心情去郊遊。

我也嘗試和家人一起外出，漫無目的地開車閒晃，每人外帶一杯咖啡拿在手上，開往都市近郊能眺望河水之處。眼前出現一條櫻花繁盛的路，實在好美。我們走進餐廳，坐在最角落享用美食，也在靜謐的咖啡廳裡聊了半小時。雖然安排座位時得費許多功夫，必須讓我坐在整家店的最尾端、背對所有人的位置，所以家人一進餐廳就得觀察座位。我們也在公園散了步。

隔天還去了鄰近的水族館，雖然整整兩天我都戴著帽子、眼鏡、穿帽T，還戴上很大的口罩。妹妹也和我一樣戴口罩，但很快就說很難呼吸，把口罩拉到了下巴。在水族館時，見到我的口罩稍微往下滑了，妹妹突然走過來幫我拉上。

搭車時，妹妹問我：「妳沒發現口罩往下滑嗎？一直保持這個狀態嗎？」

「沒有，好像只有一下子，我一直都戴著。」

看似忙著欣賞魚群的妹妹，其實從頭到尾都在關注我。

38 指《愛麗絲夢遊仙境》中的國度。
39 韓國民主運動精神領袖。

#後輩的來信

聽到妳說自己慢慢振作了，不禁鬆了口氣。假如妳在我身邊，真想給妳一個大大的擁抱。

最近我在閱讀《MeToo政治學》，原以為會讀得很快，沒想到每個句子都咀嚼再三。對於政治圈逐漸氾濫的性暴力與性騷擾，我認為姐姐妳是勇氣的化身。

所以我也決定揮別過去，不再睜一隻眼、閉一隻眼。儘管至今仍有許多人說過去有多美好、很想回到從前，但從姐姐身上獲得力量的這些人，卻在各自的位置咬牙苦撐，為的就是不想回到過去。我偶爾也因為力不從心而必須靠藥物支撐，但在這忍耐的盡頭會是什麼呢？

每當碰到猶豫著是否要靠自我合理化來隱瞞某些事時，只要想到被埋葬的過去，就痛得瞬間腦袋清醒。

我不是會默默照顧人或經常聯繫的個性，所以一直感到很抱歉。多虧姐姐我才有了勇氣，我卻沒能帶給妳力量，真的很抱歉。

不過至少我確定一件事：我會陪姐姐走到最後，陪妳一起承受所有冷嘲熱諷，陪受傷的姐姐一起哭，當姐姐有力氣再次站起來時，我也會牽著妳的手。感謝有姐姐在，姐姐的存在本身就很珍貴，我們一起加油吧，我愛妳。

二〇一九年三月二十一日

#決定成爲志工

那是四月的某一天，陽光和煦的美好早晨。去年這天，我曾在漢江企圖自殺，但最後沒死成，並決心要好好活下來。過了一年，今天的我一邊欣賞盛開的櫻花樹、漢江、天空與春天優雅的色彩，一邊想著「真美」。腦中冷不防地閃過「幸好活下來了」的念頭，同時也覺得自己揭發安熙正這件事做對了，雖然每天都很辛苦，但我不會後悔。

我想起在國外過得很好的前同事，想著「我成功地守護了那位我很珍惜的後輩，沒錯，揭發這件事是對的」，同時胸口也隱隱作痛。假如我所喜愛的後輩也發生什麼事，也許我真的會徹底放棄自己，那樣的罪惡感即便用後悔二字也不足以形容。

雖然偶爾會覺得自己的命大概太硬了，恰如貧瘠的冬日樹木，只要感受到一點春天的氣息就會冒出嫩芽，有著如指甲般大小的希望就足夠了。我克服巨大的恐懼，走到 MeToo 這一步，雖然花了很長時間，但仍注視著那小小的希望，說出了真相。

一位多年好友對我說：「妳身上確實流著獨立運動功臣的血！」曾曾祖父曾參加獨立運動，被捕入獄。後來曾祖父也參加了獨立運動。說我繼承先祖的氣節或許言過其實，但我對說這句話的朋友心懷感激。除了過去，現在也有很多人經歷著更大的痛苦及其他形式的傷痛吧？因此我收拾好自己的心情，開始在性暴力相關機構當志工。

#還能重見天日嗎？

我開始在性暴力諮商所幫忙，與其說是「志工」，其實更像在消磨時間。我會幫忙準備活動、更新網頁，並根據當天狀況整理資料，偶爾還會幫忙接電話，甚至會接到性暴力受害者打來的電話。他們不是打諮商專線，而是辦公室的號碼。雖然只是等待諮商時暫時負責的工作，但一開始我很驚慌。身為有相似遭遇的受害者，我雖能同理，卻很難以專業的方式回應。對方肯定好不容易才鼓起勇氣打電話，我卻無法確定自己說的話甚至呼吸聲，會不會在無意間帶給對方不好的感受。於是我有了一個願望，就是好好學習，提供受害者完整的協助。

在社運家提議下，我決定接受性暴力專門諮商人員的教育。我翹首等待著開放報名的日子。剛開始，每天都要和陌生人在相同空間聽課讓我倍感壓力，加上要上一百個小時的四週課程，對就連維持日常生活都有困難、必須往返醫院的我來說非常吃重，但我上課的意志仍相當堅定。

上課前一週，我就憂心忡忡地無法入睡。課程於炎夏開始，第一天我就因過度緊張而生重病，全身緊繃的聽完整堂課。第二天上課時，我淚流不止，想到自己竟然開始在做一件事了、竟然在讀書了，淚水便如洩洪般一發不可收拾。我第一次感到又變成自己了，以學生身分、而不是受害者的身分生活，這事實令人感謝。雖然仍擔心會不會又因為「不像受害者」而遭到攻擊。

我由衷希望可以擺脫「受害者」標籤，讓我留下深刻陰影的這句話卻無法輕易從腦海抹去。上課時，我的案例也被用來當作性暴力受害案例的補充教材，雖然承受莫大的痛苦，但我仍咬牙學習。

學習各種知識的同時，我再次體認到我的經歷不只是我的事。權力造成人權遭到蹂躪，從金福東[40]奶奶到權仁淑[41]老師，還有無數人經歷類似苦楚，光明磊落地對抗世界至今。我得以學習到當她們初次說出口時，經歷的痛苦和冷眼，而那些又透過抗爭而發生改變。尤其聽到金福東奶奶致力於揭發日軍性奴隸制問題，為戰爭時期的性暴力倖存者奮鬥的人生故事，我內心產生了深深的共鳴。

「我能走向這個世界嗎？」連要跨出一步都會害怕的我，彷彿看見奶奶在遠處高興地朝我伸出

---

40 金福東女士曾被迫成為日軍慰安婦，一九九二年公開自己被迫當慰安婦的悲慘經歷，是南韓控訴日軍二戰期間對女性暴行的代表人物。

41 韓國知名女權運動家，在八〇年代獨裁威權時期，曾遭受「性刑求」。

了手。無數蝴蝶朝我飛來，替折翼後蜷縮身體的我拍動翅膀。

結束一百小時的課程後，我有了一個願望——儘管還有很多不足，但我想向此時活在痛苦中的其他受害者伸出小小的援手。這是渴望擁有平凡人生所跨出的第一步，也是為了與他人連結所做的學習。

#性暴力是普遍的經驗

有四成女性表示曾遭受性暴力[42]。光就我認識的人的經驗也是如此，有朋友曾被陌生人強姦未遂，後輩的朋友被自己的親哥哥性侵，透過志工活動認識的朋友則碰到職場上司犯下趁機性交罪，除此之外還遭受無數次猥褻與性騷擾。

這是個性暴力氾濫的世界，痛苦橫行霸道，人們對性暴力的一切卻很無知。關於性暴力的媒體報導，大多集中在描寫煽動性的情境，而非聚焦於該事件造成的傷害，甚至難以區分這到底是在報導性暴力受害者還是八卦。性暴力受害者在社會上是所有弱者中最弱勢的，因為社會一直都是由這種認知組成。這是從不平等的權力關係所衍生的暴力，是屬於性方面的虐待，與其他暴力並無差

42 資料來源：《Goodbye，旋轉木馬》第十二頁，全國性暴力諮商所協議會，二〇一三。

異。日本MeToo運動的代表人物伊藤詩織就用「我在那天經歷了死亡」來形容，由此可知，性侵是一種蠶食肉體與靈魂的殺人式暴力。

寫下本書，就是想用受害者的語言，將我的經驗記錄下來，說出過去性暴力受害者無法說出或只能隱瞞的遭遇。儘管無法概括不計其數的故事，但至少想間接地傳達受害者必須經歷的痛苦人生。我知道像自己這麼微不足道的人無法承載所有受害者的心情，但我想說的是，性暴力受害者與你並沒有不同，他們不過是經歷了交通事故，受傷很嚴重，因此在克服後遺症時遇到困難罷了，絕對不是什麼奇怪的人。我們只不過是經歷了不該經歷的可怕經驗罷了，我們是平凡人，過著平凡的生活。

我花了幾個月的時間書寫、思考、閱讀，接著再書寫。寫到二度傷害的心境時，由於頭痛和全身無力的狀況太嚴重，以致必須多次停筆，即便靠藥物也無法緩解。就連回想過去的記憶，一邊寫文章對我來說都這麼痛苦了，正視、承受過往的傷痛，並不是我這種人能夠到達的境界，但儘管如此，我仍想抽出自己的記憶，透過每個字、每一句話，用有條不紊的完整語言記錄痛苦。在訴說傷害與痛苦的過程中，得以用客觀的角度看待自己的事件，並在他人視角中稍微獲得平靜。

#明日的勇氣

我代替許多人領取了「勇敢的反性暴力運動獎」、「性平等墊腳石MeToo特別獎」、「二〇一九年印象獎」和「二〇一九年特別獎」。「MeToo特別獎」被設計成一根襯了布條的小旗幟造型，最上方寫著「性平等是民主主義的完成式」，令人印象深刻，當羽毛飄揚，似乎還能感受到靜靜傳遞安慰的微風。以下為來自許多機構的安慰，單憑短短幾句，就足以為明日注滿勇氣。

一路走來，總是竭盡全力的您，為了防止其他受害者出現，讓加害者受到應有的懲罰並實現正義，在三月打開了世界的大門。這場始於您的揭發的審判，讓許多受害者與弱者感同身受地參與連署、到法庭旁聽、提供後援並加入遊行。在這場抗爭的盡頭，我們將會迎接一個不容許以權力和地位侵害他人人權的社會。

即便整整一年置身痛苦之中，您依然照顧身邊的人、安慰其他受害者，與他們一同開會、提筆寫作、追蹤後續情況。像您這麼積極參與的社會運動家，我們以感謝的心將這個獎項頒發給您，往後也將持續與您同行。

——韓國性暴力諮商所・二〇一九年一月二十四日

金智恩小姐成功讓職權性暴力變成社會議題，帶來改變契機。您勇敢地吐露自己遭受性暴力的經驗，即便面對無數的二度傷害仍不願屈服、積極抗爭，成功促使職權性暴力問題變成社會議題，因此將這個獎項頒發給您。

——紀念三八國際婦女節，第三十五屆韓國女性大會

韓國女性團體聯合（Korea Women's Associations United）・二〇一九年三月八日

誠摯感謝金智恩小姐在謊言與不義面前，仍拿出勇氣為正義與良心發聲，並懷著敬意頒發此獎項給您。

——參與連帶（NPO組織）・二〇一九年十二月六日

金智恩小姐向世界揭發了職權性暴力問題，面對巨大的權力，挺身對抗他們的謊言與世界的批判。為了不讓真相被權力與謊言埋葬，替受害當事人發聲的勇氣難能可貴，同時也給予MeToo運動中遭遇相同傷害的女性替自己發聲的勇氣。期盼能夠全然感受日常喜悅的珍貴日子常伴您左右，並帶著全國性暴力諮商所協議會全體會員的支持與感謝頒發此獎項。

——全國性暴力諮商所協議會・二〇二〇年一月二十一日

第六章

With You
——團結群心

#安熙正性暴力事件共同對策委員會

二〇一八年三月五日接近午夜十二點，我與性暴力諮商所的社運家初次碰面，他們也籌劃了安熙正性暴力事件共同對策委員會（下稱「共對委」），提供協助。在我接受直播訪談時，聽說女性團體也表示應盡快組成共對委。然後，在超過午夜十二點的時間，分散各地的團體接二連三地到我寄宿的社運家家中。後來我才知道，這個聚會的目的即是為了組成共對委。

社運家問我：「我們要開會，妳方便打聲招呼嗎？」我以為那只是為了去保護機構。那天我度過了非常疲累的一天，加上平時就很怕生，所以用棉被掩著膝蓋，安靜地坐在角落，直到一位接一位社運家進門後，他們以我為中心圍成半圓，開始自我介紹。我有點搞不清楚狀況，因為他們看著我的表情太開朗了。我對聽到的第一句話印象很深刻——您做得很好。

我很快就決定振作精神，和提供住處的社運家一起搭車、吃了魚板，也在聊天的同時稍微放鬆了戒心，但對其他人的防備心依然不減。緊張的我頻頻察看周遭，但我能夠依靠的地方就只有這裡。我決定相信我所感受的這些善良心靈，一同分享溫暖的熱茶，我也接過了別人遞過來的橘子。

後來我才聽說，來到這個聚會前，社運家身邊的人也曾勸阻她，並說「這是一場以現今社會來說很難打的一場仗」，甚至某個MeToo運動的諮詢律師還說安熙正是個非常斯文的人，反問她有沒有好好打聽受害者是誰。

他們素昧平生，卻不問任何條件就向我伸出援手。那短暫的夜晚即是共對委的開端，那時的緣分造就了現在的我，他們凝聚起來的心意，至今仍支撐著我。

剛開始，共對委有金美順、金慧靜、南聖雅、裴福珠和李美經五位社運家。之後，彼此團結的心就像蓬鬆的棉花糖般逐漸擴大。打造出棉花糖雲朵的是一百五十三個女性團體，有好幾個團體會定期開會，或在發生緊急狀況時立即召開會議，針對每個情勢討論對策。

受害者不知該如何處理的狀況，都由社運家幫忙。他們替受害者安排安全的居住空間，支援醫療和基礎生活，藉由記者會、審判旁聽、討論會、連署等匯集眾人力量，前往檢調單位或法院時，也會同行保護受害者的人身安全，並批判、披露媒體或網路所造成的二度傷害。當一審無罪判決出來時，他們陪我一起悲傷憤怒，與「平凡的金智恩」一同走上街頭，把我的委屈告訴這個世界。

參加MeToo後我失去了很多，卻結識許多善心人士。他們真心同理他人的傷痛，無條件地幫助我。當我想表達感激，他們反而對身為受害者的我必須承受的艱辛現實感到抱歉。他們說：「謝謝妳鼓起勇氣支撐下來，我們只是做了自己該做的事。有妳，才有我們。」

#律師團

我有一個很可靠的律師團，剛開始有張允靜、鄭惠善和崔允情三位律師。一審時每週安排了三次公判日，時間根本不夠，打的是一場硬仗，但三位律師將自己的生活拋在腦後，優先處理我的案件，從檢調到審判陳述、提出意見書、提交證據等，所有過程都參與了。我們在檢察署和法院熬了許多個夜晚，走過許多時光。

這段時間大家都很辛苦，每當我走到律師身旁，就會聞到濃濃的痠痛貼布味，導致我與律師碰面時，經常會觀察律師的手腕是否貼了貼布，如果沒有聞到貼布味，就會放心地露出微笑，律師大概不清楚我為什麼會笑吧。

和律師們分享雙手發凍的寒冷，蹲著喊累與吐露煎熬的心情，尤其是在檢調單位、法院的時光，痛苦的心與獲得安慰的心層層堆疊，也讓彼此累積了濃厚的情感。

儘管竭盡全力，我們卻在一審得到洩氣的「無罪」判決，對這個結果感到憤怒的其他律師在二審時加入了。有蘇拉美律師及負責二度傷害相關案件的徐惠珍律師，接著是金斗娜、金惠謙、文恩英、張景娥律師，總共九人組成了律師團。

大家不分先後，分配了各自的角色，把總共十個公訴事實分好、進行分析。律師們紛紛化身為每個事件的受害者，以時間和地點為基礎確認狀況，和我進行溝通。我很信任律師團，對於她們的提問都很具體且誠實地回答了，而她們也替我掌握了整個情勢，以有邏輯條理的方式作整理。

律師團成了一座森林，替我淨化了曾哽在喉頭的痛苦，我彷彿行走在茂密的榧子林，心靈逐漸沉靜下來，能量也得到淨化。律師團就像一群充滿智慧的姐姐，我很感激與她們牽起了緣分。

#與金智恩同行之人

MeToo後，起初我沒辦法正常吃飯，體重掉到四十公斤以下，嘴唇都裂了，連許久不見的朋友見到我也不禁流淚。那時我經常把吃下的食物全吐出來，很慶幸還能保住一命。

「與金智恩同行之人」後來替我做了件事，就是邀我一起吃飯。神奇的是，只要和他們在一起，就能順利地吞嚥下去。我說想吃青菜，因為吃了太多罐頭，朋友就替我準備了包有滿滿沙拉的越南春捲，甚至親自做了花生醬。吃完飯後，朋友還準備了親手做的配菜讓我帶回家。菠菜拌豆腐、香菇雞蛋醬煮牛肉、糯米椒炒小魚乾、生菜水果盒，每個盒子上都有一封寫在便條紙上的信，寫的是要我記得按時吃飯。飯後聊天時，他們又成了庇護我的竹林，我很感激那段能盡情談天說地、分享日常的時間。

即便我不在時，他們也會另外聯合發表聲明文，找出進行二度傷害的惡意評論並截圖，甚至替我和網友開戰。他們替我向法院繳交請願書，集會時替我發言，一審宣告日、二審、三審宣告日也都與我共患難。當我沒辦法獨處時，他們也必定會出現，時時陪在我身旁。

他們是我珍愛的同事，也是前途一片光明的年輕人，聽說當他們發表聲明文或接受訪問後，團隊的前輩就會施壓，打來說：「是誰做的？你嗎？給我刪掉，給我撤掉！」在肉搜和壓迫下，他們曾不敵壓力而刪掉了數篇文章。但現在，我們打開了好幾把小傘，打造出屬於我們的防護罩，居住在我們精心建造的巢穴中。

第一位出手相助之人，文前輩

我苦惱了許久，該不該把前輩的姓氏寫出來，也無法判斷哪些才是為前輩好。透過這次事件，我明白善意並不總是透徹明亮，不過，即便可能會被扭曲，我仍想一五一十地記錄下來。唯有如此，往後才會有充滿正義感的證人挺身而出，站在受害者身旁。

前輩是在我說出犯罪受害的事實時，第一個對我說「我幫妳」、「我陪妳面對」的人。對組織絕望而成為冰塊中標本的我，是前輩用鐵鎚擊碎冰塊，拯救了我。其實前輩聽完我的遭遇後，大可把事件藏在水面下。前輩是深受安熙正信賴的核心幕僚，總統初選時，更擔任隨行組長的要職，與多數人都密切往來。平時安熙正也指示我，工作上有任何不懂的就隨時向文前輩請教。萬一前輩聽完我的遭遇，率先和組織或安熙正商議，也許就不會有今日的我。

但比起自己的人脈與安逸的未來，前輩更看重「正義」。安熙正的律師在法庭問前輩：「為什麼長久以來都與安熙正知事維持密切關係，卻選擇相信認識不久的後輩的話？聽完那些話後，沒有想過和安熙正知事商議嗎？」

聽說前輩如此回答：「我在ＧＯＰ[43]擔任小隊長時曾發生一件事，早上檢查鐵網回來後碰見新來的二兵，他的嘴巴都是血，我就問他怎麼了。二兵吞吞吐吐許久，才小心翼翼地回答說被副小隊長揍了一頓。副小隊長跑來我的辦公室，要求和二兵進行三方對質。我則把門鎖上，不讓副小隊長進來，然後聯絡憲兵隊去逮捕副小隊長，事件的真偽也交由他們判斷。副小隊長是和我一起執勤超過一年的人，二兵才剛進部隊沒多久，儘管副小隊長與我的關係更親近，但把階級和權力差異懸殊的兩人放在同一條線上追問事實真偽並不公正，對受害者來說也很殘忍。在這種脈絡下，聽完金智恩小姐的遭遇後，我建議她報警，接受調查機關的正確判斷。」

文前輩接受檢方調查，也和法庭上多次為我作證，據說經歷多次攏絡與打壓。平時為了給予工作協助，文前輩在下班後打給我的電話，或擔心突然失聯的我等事，全被包裝成八卦、陰謀論。儘管安熙正親自出庭表示對文前輩的信賴，但幾位政治人物和支持者依然主張陰謀論，四處散布難聽的話。這段時間前輩受到的壓迫與痛苦可想而知，我也知道那些仍是現在進行式。我既感激又抱歉，只願文前輩能再次找回因我的事件而失去、放棄的一切。

團隊同事兼證人，具滋俊

他是在團隊時一起擔任志工的同事兼後輩，也是被安熙正控告作「陷害偽證」的證人。控告檢方證人作「陷害偽證」而非單純作偽證的情況並不常見。這樣的控告足以顯示安熙正的官威。在證人頭上冠上作偽證的罪名，看起來就像是典型的封口方式，暗示其他證人若作出對安熙正不利的證言，就可能吃上官司。

面對攏絡與壓迫，具滋俊仍出面作證，陳述自己所見與親身經歷，卻成了「祖護受害者的證詞」，不僅吃上官司，更成了安熙正支持者惡意抨擊的目標。他的真實姓名和工作地點被公開，還有人傳訊息到該單位。偽證控告以無嫌疑不起訴，抗告也被駁回，這些結果都與事實吻合。

他在「與金智恩同行之人」活動中擔任核心人物，我住院時，也會在百忙之中來探望。他必定承受了莫大的壓力與攻擊，卻不曾表現疲累，至今仍持續幫助我。針對陪在我身邊的人，安熙正的部分支持者則採取「男人是因為有特殊關係，女人是因為什麼都不懂才幫她」的論調。儘管有些人以妨害名譽的罪名遭到法律制裁，但惡劣的攻擊沒有停止的跡象。

43 駐紮在南北韓分界線的前線部隊。

身為一名社會新鮮人，生活已經夠忙碌了，具滋俊仍始終如一地陪伴我，他的恩情我一輩子也還不完。

職場同事兼證人，鄭妍實

鄭妍實是擔任隨行祕書時經常陪伴我的女同事，亦是懂得安熙正那「宛如犯罪的眼神」的親身經歷者。她在法庭上依據我們的經歷作了證。辭掉工作後，現在她不再是我的同事，而是好友兼妹妹。事件發生後，她也發生了許多事，現在人不在韓國。

「我也沒多想就來了，來之前還想說，安熙正被判有罪，現在應該風平浪靜了，只是姐姐持續發生不好的事情，我卻沒辦法陪在妳身旁，覺得自己好像白來了，對不起。」儘管她人在國外，我卻絲毫感覺不到任何物理上的距離，光是她的存在本身，對我來說就是「同行之人」，彷彿她時時刻刻都在我身旁。

有一次我們在漢江散步，我告訴她：「我沒錢沒勢，什麼都沒有，只能陪在妳身邊。不過我可以保證，當妳開心、悲傷或痛苦時，我會一直陪在妳身邊，這點永遠不會變。」

對於曾經給予我莫大幫助的人，我也想成為他們人生的同行之人。

職場前輩兼證人，申庸雨

即便處境困難，前輩仍替我作證。記得在直播訪談上揭發MeToo後，過沒幾天電視就播放了申庸雨前輩的訪談。前輩對於自己初次聽到犯罪事實時沒有幫助我感到抱歉，我雖心存感激，也很吃驚和擔憂。

前輩是我第一個向他吐露安熙正犯罪事實並尋求幫助的人，但當時前輩深知無法與那龐大的權力抗衡，只建議我適時迴避。我好不容易才開口求救，卻無法獲得幫助，當時很埋怨前輩。現在一方面感激前輩以真實姓名接受訪談，也很擔心前輩的安全。

後來我才聽說，前輩孩子的安全曾遭受威脅而向警方報案。儘管沒有揭開幕後指使者，但光是發生這種事就讓我愧疚不已，我擔心幫助我的人會持續碰到這種威脅，也覺得這是對我的一種警告。

加害者持續把戀人關係的框架套用在每個男性證人身上，前輩也不例外。身為兩個孩子的父親，又是一家之主，這個牽強的傳聞本身必然造成了很大的壓力。

我無法把證人經歷的所有困難都寫出來，因為發生了太多事。但儘管如此，仍有一些人毫不動搖地站上證人臺說出真相。前輩最後在法庭上說了這樣的話：「儘管我被烙上了背叛組織的印記，但我不後悔幫助受害者。」

除了謝謝二字，我無以為報。

#家人

家人是我最後的支柱，給予我無止境的信任與支持。

一審時，我沒機會和爸爸通電話，讓彼此聽到對方的聲音。二審宣判前，爸爸問我：「我看好像有未接來電，是不是妳打來的？」我並沒有打電話，是爸爸覺得講電話很尷尬，才用這句話當開場白。

「結果各占一半，就算不是我們想要的也不要失望，世界目前還是這樣，無論什麼結果，妳都是我最愛的女兒。」爸爸說完就掛斷電話。宣判出來後，爸爸又打來，只說了一句：「很想妳。」

媽媽看到我戴上帽子、眼鏡和口罩後，依然縮著肩膀，頭垂得低低的走路，低聲對我說：「抬頭挺胸，拿出自信，智恩啊，妳沒做錯什麼。」

家人，是我人生的泉源。

結語
#我會活著證明一切

經歷漫長冷冽的黑夜，我走到了這裡。我很害怕，也很恐懼，眼見人們用沉默與謊言踐踏真相，安熙正不見反省的態度，讓我痛心又煎熬，更何況其中還有許多人是曾經的同事。我對人產生了強烈懷疑，但此刻的我能夠存活下來，全仰賴與我並肩作戰的人。

我發自內心感謝他們，卻連說上一句話的機會都沒有。我曾猶如被捲入狂風般，連保持清醒都有困難，而且隨時可能再被捲入暴風中，這令我害怕。

我想把自己得到的幫助轉送給與我有相似遭遇、為此痛苦的人，分擔他們的恐懼。我絕不會喪氣地坐著，而是會堅毅地活下去，為了讓職權性暴力得到法律制裁，奮戰到最後一刻，帶給其他緘默無聲的受害者一點希望。

在說出受害事實前，仍有許多人相當猶豫，我所認識的人就是如此。「我覺得大家不會相信我，所以沒辦法開口，在這個組織內是絕對沒辦法開口的。要是真說了，我八成會沒命。我到現在還是非常懼怕，就像持續被安熙正的人監視一樣。」這是我從受害者口中聽到的話。

我不會勸說其他受害者提告或參加MeToo，因為我比任何人都知道這條路有多辛苦。二〇一八年三月，由全國性暴力諮商所協議會披露的二度傷害惡意留言者，過了十個月才移交檢方，並以侮辱、妨害名譽的罪名處以罰金。雖然事隔已近兩年，仍有些事件尚未有處分結果。

負責的檢察官曾在二〇一八年十二月針對檢舉人和被檢舉人進行對質調查，但調查並沒有確實，最後該負責檢察官被調到其他單位。換了一位新的檢察官後，整個案件又必須重頭來過。每次累得想要放棄之際，就又要開始打性暴力事件的官司。

這段時間我經常筆不離身，躺在床上後會爬起來寫，走路時也會停下來寫，連和別人碰面時也繼續寫。我會記在手機上、手上、廣告傳單上。雖然很累，但我唯一能做的就是把這整起事件寫成文字，是「文字」支撐了我，讓我得以呼吸。

回想過去的疼痛記憶並不是件容易的事，儘管如此，我仍一再記錄。留下紀錄是我唯一能做的抗爭，也許它很粗糙、凌亂，我仍想請各位將它視為石頭被浪濤捲入後，被磨成小石子的痕跡。粗劣的小石子裡，忠實地記錄了過往的艱辛。

我希望能做個了結，所有紀錄完成之時，也等於寫完這本書，我盼望這艱辛的鬥爭也能畫下句點。但鬥爭仍未結束，想要展開全新人生的我，期望這個句子的句點，會是它的起點。

附錄

審判紀錄（一）安熙正性暴力案

2018.03.05 受害者擔任ＪＴＢＣ《新聞室》直播來賓，揭發遭安熙正知事性暴力的受害事實。

2018.03.06 向首爾西部地檢提出訴狀。

2018.03.08 受害者支持團體「與金智恩同行之人」第一次發表聲明。

2018.03.09 受害者於首爾西部地檢進行首次陳述。

共對委譴責安熙正前知事不請自來。

2018.03.13 受害者支持團體「與金智恩同行之人」第二次發表聲明。

2018.03.17 受害者於首爾西部地檢進行第二次陳述。

2018.03.25 「與金智恩同行之人」發表「與安熙正相關的其他受害者（兩人）」內容。

2018.03.28 拘票實質審查，安熙正拘票遭駁回。

2018.03.29 受害者於首爾西部地檢進行第三次陳述。

2018.04.02 重新申請拘票。

2018.04.05 安熙正拘票二次遭駁回。

2018.04.11 檢察官起訴安熙正。

2018.04.21 「與金智恩同行之人」在MeToo市民行動集會上發言，寫下受害者的支持信。

2018.06.15 安熙正性暴力事件第一次準備日。

2018.06.22 安熙正性暴力事件第二次準備日。

2018.07.02 第一次公判（公開）。

2018.07.06 第二次公判（不公開）。

2018.07.09 第三次公判（部分不公開）。

2018.07.11 第四次公判（公開）。
被告方律師、檢方證人具〇〇。
受理陷害偽證的訴狀（首爾西部地檢）。

2018.07.13 第五次公判（公開）。

2018.07.16 第六次公判（不公開）。

2018.07.27 第七次公判。

2018.08.09 受害者律師提出意見書。

2018.08.14 一審判決：宣判無罪。

2018.08.20 申請判決書閱覽限制。

2018.09.04 分派首爾高等法院刑事十部審理。

2018.09.21 提出檢方抗告理由書。

2018.09.27 受害者律師團確定有九人。

2018.09.28 共對委擴大（一百五十八個團體參與）。

2018.10.23 重新分派首爾高等法院刑事十二部審理。

2018.11.23 民辯女性委員會提出意見書。

2018.11.28 受害者律師提出意見書。

2018.12.07 二審準備日。

2018.12.21 二審第一次公判。

2019.01.04 二審第二次公判。

2019.01.09 二審第三次公判。

2019.01.18 二審受害者律師團提出意見書。

2019.02.01 二審判決：宣告有罪，判以三年六個月有期徒刑。

2019.02.13 閔珠瑗臉書二度加害發文。

2019.02.14 共對委臉書、推特公告：加害者家人的典型二度加害，要求媒體自制，勿任意轉發報導。

2019.02.20　閔珠瑗臉書二度加害發文。

2019.02.21　共對委臉書發文，反駁加害方主張。

2019.02.22　共對委臉書發文，反駁加害方主張。

2019.03.22　閔珠瑗臉書三次加害發文。

2019.09.09　三審判決：有罪定讞。

審判紀錄（二）「安熙正性暴力案」之二度傷害案

2018.03.06　開設檢舉二度傷害的郵件帳號和 Twitter 帳號。

2018.03.12　在媒體上發表受害者親筆寫下心境的文章（二度傷害相關）。

2018.03.16　將二度傷害檢舉信提交首爾地方警察廳網路搜查隊（全國性暴力諮商所協議會）。

2018.03.21　二度傷害檢舉人調查（全國性暴力諮商所協議會）。

2018.04.18　二度傷害現況報告，在國會與媒體上發表。

2018.04.19　南仁順國會議員室，發表「要求中斷二度傷害」聲明（議員臉書）。

2018.05.18　受理二度傷害追加檢舉信（全國性暴力諮商所協議會）。

2018.06.01　二度傷害追加檢舉信相關的檢舉人調查。

2018.10　首爾地方檢察廳網路搜查隊以妨害名譽與侮辱的罪名，將二十三人押送首爾中央地檢，其中二十多名被判有罪並處以罰金。

2018.12.26 二度傷害檢舉案，被檢舉人柳○○對質審問。

2019.02 二度傷害負責檢察官人事調動。

2019.12.03 要求起訴二度傷害三名被檢舉人請願書（全國性暴力諮商所協議會）。

2020.02 二度傷害負責檢察官人事調動。

無數二度傷害事件發生，其嚴重程度甚至被列舉為二度傷害的範例都不為過。包括國會議員幕僚在內的極少數人士遭到全國性暴力諮商所協議會告發，但並未確實進行調查。

我是金智恩：揭發安熙正，權勢性侵受害者的劫後重生／金智恩（김지은）著. 簡郁璇 譯. -- 初版. –
臺北市：時報文化，2021.6；面；14.8 ╳ 21 公分. --（VIEW：096）
譯自：김지은입니다

ISBN 978-957-13-8938-7（平裝）

1.性犯罪 2.性侵害 3.職場

548.544 110006366

ISBN 978-957-13-8938-7
Printed in Taiwan.

VIEW 096

我是金智恩：揭發安熙正，權勢性侵受害者的劫後重生

김지은입니다

作者 金智恩｜**譯者** 簡郁璇｜ **主編** 陳信宏｜**副主編** 尹蘊雯｜**執行企畫** 吳美瑤｜**封面設計** 萬亞雰｜**內頁設計** FE設計｜**編輯總監** 蘇清霖｜**董事長** 趙政岷｜**出版者** 時報文化出版企業股份有限公司 108019 台北市和平西路三段240 號 3 樓 發行專線—(02)2306-6842 讀者服務專線—0800-231-705・(02)2304-7103 讀者服務傳真—(02)2304-6858 郵撥—19344724 時報文化出版公司 信箱—10899臺北華江橋郵局第99信箱 時報悅讀網—www.readingtimes.com.tw 電子郵件信箱—newlife@readingtimes.com.tw 時報出版愛讀者—www.facebook.com/readingtimes.2｜**法律顧問** 理律法律事務所 陳長文律師、李念祖律師｜**印刷** 勁達印刷有限公司｜**初版一刷** 2021 年 6 月18 日｜定價 新台幣 390 元｜（缺頁或破損的書，請寄回更換）

時報文化出版公司成立於 1975 年，1999 年股票上櫃公開發行，2008 年脫離中時集團非屬旺中，
以「尊重智慧與創意的文化事業」為信念。